추수하는 일꾼

네비게이토 선교회는
국제적이며 복음적인 기독교 기관이다.
예수 그리스도께서는 자기를 따르는 자들에게
"너희는 가서 모든 족속으로 제자를 삼으라"
(마태복음 28:19)는 지상사명을 주셨다.
네비게이토 선교회는 세계 모든 국가에서
예수 그리스도의 일꾼들을 배가시켜
이 지상사명의 성취를 돕는 것을
근본 목표로 하고 있다.

네비게이토 출판사는
네비게이토 선교회의 문서 선교를 담당하고 있다.
본 출판사에서는 그리스도인의 영적 성장을 돕는
서적과 자료들을 출판하여,
그리스도인의 삶의 기초가 견고한
헌신된 제자로 성장하게 하고,
나아가 성숙한 인격과 지도력을 갖춘
일꾼이 되도록 돕고 있다.

Translated by permission.
Title originally published in English as

LABORING IN THE HARVEST

by NavPress, a ministry of The Navigators.
ⓒ1985 by LeRoy Eims.
All rights reserved.
Korean Copyright ⓒ1986 by Korea NavPress

추수하는 일꾼

LABORING IN THE HARVEST

리로이 아임스

LEROY EIMS

"이에 제자들에게 이르시되, '추수할 것은 많되 일꾼은 적으니, 그러므로 추수하는 주인에게 청하여 추수할 일꾼들을 보내어 주소서 하라' 하시니라." (마태복음 9:37-38)

네비게이토 출판사
TO KNOW CHRIST AND TO MAKE HIM KNOWN

차 례

저자 소개 ··· 7
머리말 ··· 9

1 주의 일을 부흥케 하옵소서 ·· 13
2 일꾼의 부족 ·· 27
3 일꾼의 직무 ·· 41
4 헌신의 원리 ·· 57
5 기도: 살아 있는 기적 ··· 71
6 능력의 말씀 ·· 83
7 개인적인 만남 ·· 93
8 인도하시는 성령 ··· 105
9 일꾼의 신체적 요건 ··· 117
10 재생산하는 일꾼들을 생산함 ·································· 129
11 동기를 부여함 ·· 141
12 현실을 살아감 ·· 155

저자 소개

리로이 아임스는 네비게이토 선교회에서 여러 중요한 직책을 맡아 주님을 섬기다가 2004년 1월 사랑하는 주님 곁으로 갔습니다.

그는 2차 대전 당시 미 해병대에서 복무했는데, 남태평양에서의 전투 중 한 전우가 애타게 하나님을 찾으며 죽어 가는 것을 목격하였습니다. 하지만 그는 전우에게 하나님에 대하여 이야기해 줄 수가 없었습니다. 자기도 하나님을 몰랐기 때문입니다. 그 때 그는 하나님에 대하여 알아보아야겠다고 마음속에 굳게 결심했습니다.

전쟁이 끝나 고향 아이오와로 돌아온 그는 곧 결혼하였고 어느 철도 회사에서 일하게 되었습니다. 그는 교회에 나가기 시작했고 부지런히 성경을 연구했습니다. 마침내 그는 예수 그리스도를 구세주로 믿음으로써 자신의 죄 문제를 해결했습니다. 그 후 그는 다른 사람들이 그리스도 안에서 새 생명을 얻도록 돕는 일에 자신을 드렸습니다.

오랜 세월 동안 그는 사람들을 그리스도께로 인도하여 주님의 제자와 일꾼으로 세워 주는 일에 큰 관심을 기울였고, 그 일에 전 생애를 바쳤습니다. 본서는 그러한 삶의 결과입니다.

그는 또한 전도, 제자 훈련, 리더십 등에 관하여 많은 책을 쓴 탁월한 저술가이자, 미국과 세계 많은 나라를 여행하면서 수양회 등에서 말씀을 전한 뛰어난 연사이기도 했습니다. 그는 본서 외에도 다음과 같은 귀한 책들을 저술하여 제자삼는 사역을 크게 확장시켰습니다.

- 제자삼는 사역의 기술
- 그리스도인 성장의 열쇠
- 당신도 영적 지도자가 될 수 있다
- 동기를 부여하는 지도자
- 사도행전 속의 제자 훈련
- 위로부터 난 지혜
- 영적 전쟁의 성서적 원리
- 이렇게 전도하라
- 하나님께서 들으시는 기도
- 믿음의 선한 싸움
- 제자가 되는 길
- 제자의 삶을 위한 매일의 말씀

머리말

1983년 5월, 네비게이토 선교회의 국제 회장이었던 론 쎄니와 나는 위클리프 성경 번역 선교회의 수양회에 강사로 초빙되어 리더십에 관한 말씀을 전한 적이 있습니다.

돌아오는 비행기 안에서 론은 네비게이토 선교회가 일꾼을 주제로 한 책자를 한 권도 펴낸 적이 없다는 이야기를 했습니다. 그러고 보니 이상한 일이었습니다. 왜냐하면 네비게이토의 근본 목표는 '세계 모든 국가에서 예수 그리스도의 일꾼들을 배가시켜 그리스도의 지상사명의 성취를 돕는 것'이기 때문입니다. 또한 세계를 향한 우리 네비게이토의 전략 가운데도 '일꾼'의 항목이 들어 있었기 때문입니다 —'우리는 세상의 추수 터에서 추수하는 일과 추수하는 일꾼에게 항상 초점을 맞추어야 한다. 이것이 우리의 부르심이기 때문이다(마태복음 9:36-38).'

론은 나를 보고 말했습니다. "내 생각으로는 리로이 형제가 그 주제에 대한 책을 저술할 적임자인 것 같군요." 나는 나보다 더 자질이 있는 사람들이 있을 것이라고 말했지만, 그는 내가 그 책을 써야 한다고 했습니다. 본서는 그러한 대화의 결과로 쓴 것입니다.

대화 도중에 나는 "그 책에 꼭 썼으면 하는 것을 한 가지만 말씀해 주십시오. 어떤 내용이 좋겠습니까?" 하고 물어보았습니다. 그의 대답은 요점이 분명했습니다. "추수하는 사역의 비결은, 사람들이 단지 자신들의 필요만 흡족히 채움받도록 해주는 정도가 아니라, 다른 사람들을 도울 수 있는 수준까지 성장하도록 이끌어 주는 것이라는 내용을 꼭 포함시키면 좋겠습니다." 나도 그 점에 동의하였습니다.

참으로 훌륭한 조언이 아닐 수 없었습니다. 사람들이 그리스도와 동행하도록 도와주는 일과 그리스도를 위해 일하도록 도와주는 일의 차이가 바로 여기에 있습니다. 열왕기하 19:30은 '아래로 뿌리를 내리고 위로 열매를 맺는 일'에 대해 말씀하고 있는데, 이 말씀은 일꾼을 배가하는 사역의 핵심을 간단명료하게 나타내고 있습니다. 새 신자가 제자가 되도록 도울 때에는 아래로 뿌리를 내리는 데에 초점을 맞춥니다. 그가 그리스도 안에 깊이 뿌리를 내리도록 해주는 데 주력합니다. "그러므로 너희가 그리스도 예수를 주로 받았으니 그 안에서 행하되 그 안에 뿌리를 박으며 세움을 입어 교훈을 받은 대로 믿음에 굳게 서서 감사함을 넘치게 하라"(골로새서 2:6-7). 나아가 제자가 일꾼이 되도록 도울 때에는 위로 열매를 맺는 데에 초점을 둡니다. 그가 전도의 열매를 얻을 뿐만 아니라 새 신자가 제자로 성장하도록 돕는 일을 잘할 수 있도록 무장시켜 주는 데 집중합니다.

본서에서 우리는 왜 일꾼이 그리스도의 사역에 핵심 요소가 되며, 왜 일꾼이 그리스도의 몸 된 교회의 부흥과 지상사명 성취에 있어 중심인물이 되는지 그 이유를 밝혀 보고자 합니다. 또한 일꾼은 왜 언제나 적은 것으로 보이는지 그 문제점도 살펴보고, 일꾼은 과연 어디서 길러지며 그 임무는 무엇인지도 알아보도록 하겠습니다.

　하나님께서 자신의 영광을 위하여 본서를 사용하셔서, 이 땅에 잘 훈련되고, 헌신되고, 영적으로 자질 있는 일꾼들을 하늘의 별과 바닷가의 모래같이 불러 일으켜 주시기를 기도하면서 이 책을 펴냅니다.

제1장
주의 일을 부흥케 하옵소서

땅은 강포와 폭력으로 가득 찼습니다. 법정은 썩을 대로 썩었습니다. 피해를 당한 쪽이 오히려 죄인으로 몰리고, 진짜 죄를 지은 자들은 버젓이 석방되었습니다. 상도덕(商道德)은 온데간데없고 다들 서로 속이고 속았습니다. 백성들 사이에는 서로를 이간시키는 뿌리 깊은 내분이 있었습니다. 사태는 전혀 걷잡을 수 없는 것처럼 보였습니다. 아무래도 통제 불능 상태였습니다.

하박국 선지자는 그가 처해 있는 사회를 바라봤을 때 자신의 눈에 비친 현실에 마음이 아팠습니다. 그리하여 하나님께 크게 부르짖었습니다. "여호와여, 주는 주의 일을 이 수년 내에 부흥케 하옵소서. 이 수년 내에 나타내시옵소서. 진노 중에라도 긍휼을 잊지 마옵소서"(하박국 3:2). 하박국의 기도는 부흥을 위한 간절한 부르짖음이었습니다.

여기에서 사용된 '부흥'이란 말의 원어에는, 문자적이건 상징적이건 간에, '살다, 살아 있다, 다시 살리다, 살게 하다, 살아나게 하다, 생명을 주다, 살려 두다, 소성시키다, 소생시키다, 회복시키다, 구원하다, 육성하다' 등 여러 의미가 담겨 있습니다. 이 사실을 염두에 두고 계속 이야기를 전개해 나가겠습니다.

1983년 여름, 나는 암스테르담에서 열린 국제 순회전도자 대회에 참석했습니다. 130개가 넘는 나라에서 많은 사람들이 참석했습니다. 빌리 그래함은 수천 명에 이르는 참석자들이 합의한 내용을 이런 말로 나타냈습니다. "이 시대의 가장 큰 필요는 예수 그리스도의 몸 된 교회의 부흥입니다." 이 대회에서 우리 모두는 뜻을 같이하여 예수님께서 맡기신 사역에 다음과 같이 헌신하기로 하였습니다.

우리는 우리 주님께서 주신 지상사명에 헌신할 것을 다짐하며, 그 사명을 성취하기 위해 하나님께서 우리에게 요구하신다면 기꺼이 어디든지 가고, 무슨 일이든지 하며, 어떤 희생이라도 달게 치를 것을 선언한다.

오늘날 눈을 들어 이 세상의 모습을 바라보면서 내가 굳게 믿는 것은, 하나님의 백성들 가운데 큰 부흥이 일어나 그리스도를 모르는 헤아릴 수 없이 많은 사람들에게 하나님의 은혜가 흘러 넘치게 되고, 그 결과 잃어버린 바 되고 소외되고 소망이 없는 수많은 사람들이 주님께로 돌아오게 되리라는 것입니다. 교회의 부흥과 그리스도의 지상사명의 성취는 우리 시대의 가장 중대한 두 가지 관심사이며, 오늘날 기독교 지도자들의 생각과 마음속 가장 깊은 곳에 자리하고 있는 과제이며, 가장 절실한 기도 제목입니다.

나의 간절한 기도 제목도, 성령께서 능력으로 온 세상에 역사하셔서, 하나님의 백성들 가운데 진정한 회개와 도덕적 정결이라는 두 가지 근본적인 결과가 나타나는 것입니다. 나는 하나님의 백성들 가운데 부흥이 일어나는 것을 보기 원합니다. 우리 속에 있는 온갖 찌끼들을 불살라 버리고 우리로 "귀히 쓰는 그릇이 되어 거룩하고 주인의 쓰심에 합당하며 모든 선한 일에 예비함"(디모데후서 2:21)이 되게 할 그런 부흥을 말입니다.

지난 몇 년 동안 나는 대부분의 시간을 그리스도의 몸 된 교회의 다른 지체들의 필요를 채우는 일에 보내 왔습니다. 내가 주로 한 일은 성경학교, 신학교, 교회, 그리고 기타 기독교 기관들이 후원하는 수양회에서 말씀을 전하는 일이었습니다. 그 기간 동안 크고 분명하게 부각되어 온 두 가지 중대 관심사는, (1) 하나님의 백성들 가운데서 부흥이 일어나야 한다는 점과, (2) 하나님의 백성들이 지상사명에 순종하여, 잃어버린 바 된 사람들을 주님께로 인도하고, 구원받은 사람들을 세워 주는 일에 적극 참여해야 한다는 점이었습니다. 나는 세계 여러 곳을 두루 다니면서 교회 지도자들이 이러한 두 가지 필요에 대해 역설하는 것을 많이 들어 왔습니다. 그러면 우리는 우리가 깨달은 이 긴급한 필요를 채우기 위해 어떻게 해야 하겠습니까?

그 답은 마태복음 9:36-38 말씀에 있습니다.

무리를 보시고 민망히 여기시니, 이는 저희가 목자 없는 양과 같이 고생하며 유리함이라. 이에 제자들에게 이르시되, "추수할 것은

많되 일꾼은 적으니, 그러므로 추수하는 주인에게 청하여 추수할 일꾼들을 보내어 주소서 하라" 하시니라.

이 구절에는 우리가 교회의 부흥과 지상사명의 성취를 위해 해야 할 한 가지 매우 중요한 일이 나타나 있습니다. 이 구절에서 예수님께서 부흥이 필요한 사람들을 보시고 제자들에게 무엇이라고 말씀하셨습니까? 추수하는 주인에게 청하여 "추수할 일꾼들을 보내어 주소서" 하고 기도하라고 하셨습니다.

기운을 잃은 사람이 있다면 다시 소성시켜 주는 것이 필요합니다. 다시 소성시켜 주는 것, 이것이 바로 부흥입니다. 예수님께서는 자기에게 나아온 사람들을 '목자가 없어서 고생하며 유리하는' 양, 지칠 대로 지친 양으로 비유하셨습니다. 땅에 주저앉아 한낮의 뙤약볕 속에서 헐떡거리며, 도저히 일어날 수 없을 정도로 가련하고 무기력한 상태에 놓여 있는 양으로 말입니다. 그들에게 필요한 것은 그들을 다시 소성시켜 주는 것입니다. 그러기 위해서는 그들을 도와줄 사람들이 필요합니다. 기꺼이 그들 가운데 들어가서 먹을 것과 쉴 곳을 제공하고 격려와 힘을 불어넣어 줄 그런 사람들, 한마디로 일꾼이 필요한 것입니다!

목자가 없어 흩어져 고생하는 지친 양들과 '양의 큰 목자'(히브리서 13:20)이신 주 예수님을 눈앞에 그려 보십시오. 그들이 가지고 있는 문제는 너무나도 큰데, 그들은 그것을 어떻게 해야 할지, 어디에 가서 도움을 받아야 할지도 모르는 가엾은 사람들입니다. 또한 무르익은 곡식들이 추수를 기다리고 있는데 추수할 일꾼들은 하나도 없는 넓은 들판을 생각해 보십시오. 이를 통해 예수님께서는 일꾼을 떠나서는 부흥을 생각도 할 수 없다는 사실을 분명하게 보여 주셨습니다.

영적 추수 터에서 추수하는 일에 땀 흘리며 수고하는 일꾼들을 통한 부흥! 우리는 추수하는 주인이신 하나님께 "추수할 일꾼들을 보내어 주소서" 하고 기도하도록 부르심을 받았습니다. 영적 추수를 위해 기도해야 합니다. 그러나 만일 부흥을 위해 기도할 뜻은 있다 하더라도 교만과 자만에 젖어 있다면 먼저 그것부터 해결해야 할 것입니다. 높고, 거룩하시고, 영원하신 하나님께서는, 자기가 성취한 일에 대해 겸손하고 죄에 대해 통회하는 마음을 가진 사람들의 기도에만 귀를 기울여 들으시고 응답해 주시기 때문입니다.

> **지존무상하며, 영원히 거하며, 거룩하다 이름하는 자가 이같이 말씀하시되, "내가 높고 거룩한 곳에 거하며, 또한 통회하고 마음이 겸손한 자와 함께 거하나니, 이는 겸손한 자의 영을 소성케 하며, 통회하는 자의 마음을 소성케 하려 함이라."** (이사야 57:15)

우리는 때로 지쳐 버린 우리의 영을 소성시키는 부흥이 필요합니다. 시편 기자는 이 일을 위하여 기도했습니다. "우리를 다시 살리사, 주의 백성으로 주를 기뻐하게 아니하시겠나이까?"(시편 85:6). 참으로 지혜로운 기도입니다. 시편 기자는 약하고 침체된 자신의 상태를 솔직히 인정하고, 하나님께서 소성케 하는 힘을 주시기를 바라고 기도했습니다. 그는 성령께서 그의 영혼 가운데서 특별히 역사하심으로 거룩한 기쁨이 그의 삶에 넘쳐흐르게 될 날을 간절히 바랐습니다. 나는 그 시편 기자가 실망하지 않았으리라고 확신합니다. 밤이 지나면 아침이 오듯이, 정녕 소성했을 때에는 기쁨이 따라오기 때문입니다.

시편 138편에서 다윗은 흥미 있는 사실을 보여 주고 있습니다. "내가 환난 중에 다닐지라도 주께서 나를 소성케 하시고, 주의 손을 펴사 내 원수들의 노를 막으시며, 주의 오른손이 나를 구원하시리이다"(시편 138:7). 하나님께서 우리의 집중적 관심과 주의를 끄실 때가 대개 언제인가 하면, 주로 우리가 환난 가운데 있을 때입니다. 하나님께서는 우리의 환난의 때를 촉매로 사용하셔서 우리를 소성케 하사 우리로 거룩하고 복된 삶을 살게 해주십니다. 그리고 고통과 고난과 슬픔을 통하여 소성[부흥]케 함을 얻을 때, 우리는 진정으로 주님 안에서 기뻐할 수 있습니다.

일꾼과 주님의 몸 된 교회의 부흥은 아주 밀접한 연관성이 있습니다. 이 둘은 마치 동전의 양면과도 같습니다. 기억해야 할 것은 목자 없이 고생하며 유리하는 양 떼와 일꾼 간의 관련성은 지금 내가 처음 찾아낸 사실이 아니라는 점입니다. 이천 년 전에 이미 예수님께서 말씀하신 것입니다. 그러면 그 관련성은 무엇입니까? 어떻게 서로 조화를 이룹니까?

하나님께서는 자신의 일을 실행하시는 과정에서 두 가지 수단을 사용하십니다. 곧 자연적인 수단과 초자연적인 수단, 평범한 수단과 특별한 수단입니다. 나는 하나님께서 이 둘을 다 사용하시는 것을 여러 차례 보았습니다. 병 고치는 일을 예로 들어 봅시다. 많은 사람들이 여러 가지 병으로 병원에 가서 의사의 치료를 받습니다. 하나님께서는, 자기 백성들의 기도에 응답하셔서, 의사의 의술을 통해 자연스런 방법으로 그들 중 많은 사람들의 병을 고쳐 주십니다. 그러나 다른 한편으로 하나님께서는 초자연적인 방법으로 직접 개입하셔서 즉각 치료해 주시는 경우들도 있습니다.

그리스도 안에서 거듭난 지 3년 되던 해에, 나는 하나님께서 초자연적인 방법으로 병을 낫게 해주시는 것을 본 적이 있습니다. 어느 목사의 곪은 상처가 몇 달이 지나도 낫지 않아 크게 고생해 오다가, 어느 토요일 아침에 수술을 받기로 병원 측과 약속을 하고 그 전날인 금요일 밤에 입원하게 되었습니다. 그 주의 주일에, 나는 그 목사가 시무하는 교회에서 예배를 드리게 되었습니다. 게시판에는 이번 주 설교는 외부에서 초청된 다른 목사님이 하신다고 광고가 되어 있었습니다. 그런데 낮 예배가 시작되기 약 30분 전쯤, 병원에 있어야 할 그 목사가 교회에 나타나서 교회 통로를 여기저기 돌아다니면서 성도들과 악수를 나누며 기쁜 마음으로 간증을 나누는 것이었습니다.

지난주 목요일 밤에 그 목사와 장로들은 기도 모임을 가졌는데, 장로들은, 그 목사의 표현대로 하자면, '성경에 나와 있는 방법대로' 그에게 기름을 붓고 위하여 기도했습니다. 금요일에 그는 입원을 했습니다. 토요일 아침에 수술을 받기로 한 계획은 변함이 없었습니다. 금요일 밤 늦게 붕대를 교체할 때 보니, 환부에서 고름이 심하게 흘러나와서, 침대 시트가 얼룩이 져서 시트를 갈지 않으면 안 될 정도였습니다.

드디어 토요일 아침이 왔습니다. 그 목사는 일찍 잠에서 깨어나 붕대 겉면을 만져 보았습니다. 놀랍게도 말라 있었습니다. 그때 그는 의학적으로는 도저히 용납될 수 없는 일을 했습니다. 소독도 하지 않은 손을, 환부에 감아 놓은 붕대 밑으로 밀어 넣어 보았던 것입니다. 그는 상처가 없어진 것을 알게 되었습니다. 그것은 완전히 아물어 있었습니다.

그는 즉시 침대를 박차고 일어나 붕대를 풀어 버렸습니다. 과연 환부는 깨끗이 치료되어 있었습니다. 그것도 흉터 하나 없이 말입니다! 그는 그의 교회 성도인 담당 의사에게 이 사실을 알릴까 하고 전화기 쪽으로 갔다가 새벽 5시에 전화하는 것이 다소 이른 감이 있기에 그만두었습니다. 대신에 그는 간호사를 불러 그 의사에게 수술 준비를 하기 전에 꼭 좀 와주십사고 전갈을 해 달라고 부탁했습니다.

아침 8시경 담당 의사가 찾아와서 물었습니다. "목사님, 무슨 문제라도 생겼습니까?" 그 목사는 환부였던 곳을 가리키면서 말했습니다. "문제가 없어졌어요. 그게 문제입니다! 상처가 다 나아 버렸습니다!" 의사는 곪았던 부위를 찬찬히 주의 깊게 들여다보면서 이곳저곳을 눌러 보며 아프지 않느냐고 물었습니다. 목사는 대답했습니다. "아프다니요? 말끔히 나아 버렸는데요!"

그러자 그 의사는 그때까지도 수술실에서 대기하고 있던 동료 의사에게 연락하여 입원실로 곧장 오라고 하였습니다. 동료 의사는 들어오자마자, "무슨 문제라도 생겼습니까?" 하고 물었습니다. "문젯거리가 없어진 게 문제요!" 과연 그러했습니다! 동료 의사도 나은 환부를 들여다보고 이곳저곳을 눌러 보면서 아픈 데가 없느냐고 물었습니다. 그리고 그 목사가 완쾌되었음을 알고는 눈물을 글썽이며 울먹이는 목소리로 말했습니다. "목사님, 목사님이 자주 말씀하시던 하나님은 과연 살아 계시는 분이로군요!"

하나님께서는 그 목사를 초자연적인 방법으로 치료해 주셨으며 그 일을 통하여 영광을 받으셨습니다. 그 이야기가 병원 내 간호사, 의사, 직원들에게 널리 퍼지게 되었고, 이 일로 많은 사람들이 그리스도께로 나아오게 되었습니다. 그 병원에서 일하던 많은 그리스도인들은 그 후 몇 달 동안 복음을 증거할 수 있는 좋은 기회를 누렸습니다.

이미 언급하였듯이, 하나님께서는 두 가지 주된 수단을 사용하여 이 땅에서 자신의 목적을 이루십니다. 특별한 수단과 평범한 수단입니다. 부흥의 새 생명을 불어넣기 위해 하나님께서 사용하시는 수단도 두 가지가 있습니다. 그 가운데 평범한 수단에 당신과 내가 포함될 수 있을까요? 이 일에 우리가 하나님의 도구로 쓰임받을 수 있을까요? 우리는 하박국의 눈으로 온갖 부정과 사악에 빠져 있는 이 세상을 바라보고 하나님 외에는 어떤 해결책도 없다는 결론을 내릴 수밖에 없습니다. 또한 이사야를 통하여 본 것은, 하나님께서 그분의 말씀을 사용하셔서 겸손하고 통회하는 자를 소성케 하시고 위로하시며 확신을 주신다는 사실입니다. 뿐만 아니라 시편 기자의 눈을 통하여, 하나님께서는 우리가 일상생활에서 당하는 환난, 이를테면 슬픔과 부딪힘과 깨어짐 등을 통해 우리를 겸비하게 하시고 우리의 마음을 가난하게 하시며, 이러한 우리를 다시 살리시고 소성케 하신다는 사실을 보았습니다. 이처럼 우리를 소성케 하실 수 있는 분은 오직 하나님뿐이십니다. 그런데 이 일을 하나님께서는 어떻게 하십니까? 친히 직접 하시기도 하지만, 많은 경우 평범한 사람들을 통해서 하십니다. 바로 당신과 나, 곧 우리를 통해서 하십니다. 그래서 하나님께서는 소성케 함이 필요한 사람들을 우리에게로 이끌어 오셔서, 우리로 그들의 필요를 채워 주게 하십니다.

영적인 면에서 우리가 처한 현실을 바라보노라면, 일꾼의 필요성과 일꾼을 보내 주시기를 기도하라고 예수님께서 명하신 이유가 더욱더 분명해집니다. 우리는 하나님께 어떤 극적이고 특별한 일을 해주시기를 기도할 뿐만 아니라, 하나님께서 그분의 일을 이루기 위하여 사용하시는 **평범한 수단** 가운데에도 동참해야 합니다.

그러나 우리는 부흥을 위해 하나님께 간절히 기도하기는 하되, 하나님께서 **초자연적으로** 역사하시기만을 초조하게 기다릴 때가 너무 많습니다. 하나님께서는 대개 우리가 행동으로 순종하기를 인내로써 기다리고 계십니다. 하나님께서는 그분의 백성을 부흥케 하고 아직 이 세상에서 복음화되지 않은 곳에 복음을 전하기 위한 평범한 수단의 하나로 우리를 사용하기 원하십니다.

예수님께서는 무리를 보시고 민망히 여기셨습니다. 예수님의 마음속에는 두 가지 광경이 떠올랐습니다. 첫째는 목자 없이 고생하며 유리하는 양 떼, 곧 소망도 없고, 돌보는 이도 없는, 기진맥진한 양 떼의 모습이었습니다. 부흥이야말로 틀림없는 그 시대의 요청이요 필요였습니다. 기운을 잃은 사람이 있다면 다시 소성시켜 주는 것이 필요하기 때문입니다.

예수님의 마음속에 떠오른 두 번째 광경은 풍작의 광경이었습니다. 곡식이 무르익어 거둬들이기를 기다리고 있는 넓은 들판이었습니다.

그렇다면 예수님께서는 오늘날 이 세상을 바라보시고 어떤 진단을 내리시겠습니까? 여전히 고생하며 유리하는 양 떼와 거둬들여야 할 무르익은 곡식으로 가득 차 있는 들판을 보실까요? 우리가 오늘날의 세계를 보더라도, 문자 그대로 수십억이나 되는 사람들이 그리스도를 모르는 채로 버려져 있습니다. 실로 추수해야 할 넓은 들판입니다. 그러기에 예수님께서는 여전히 이 지구 상의 넓은 밭에서 추수할 일꾼들을 보내 주시기를 기도하라고 우리에게 도전하십니다.

일꾼을 위해 기도하라는 예수님의 도전을 받아들일 때, 두 가지 일이 일어납니다. 첫째로, 하나님께서 우리의 기도에 응답하셔서 그러한 일꾼들을 불러 일으켜 주실 것입니다. 하나님께서는 추수에 우리보다도 훨씬 더 큰 관심을 가지고 계십니다. 그러나 일종의 부산물이라 할 수 있는, 두 번째 흥미 있는 결과가 또 있습니다. 우리가 일꾼을 위해 기도할 때, 우리 자신의 마음이 그런 일꾼이 되고자 하는 열망으로 가득 차게 되는 것입니다.

빌리 그래함은 일꾼을, '성령으로 충만하고 하나님의 세우심을 입고 부르심을 받아 하나님께서 어디로 보내시든 거기서 그리스도를 증거하는 사람'이라고 했습니다. 일꾼은 또한 하나님의 백성들의 갖가지 필요들을 보고 민망하고 불쌍하고 가엾게 여기는 사람입니다. 오늘날 삶 가운데 부딪치는 곤경으로 마음이 낮아지고 심히 가난하게 된 사람들이 너무도 많습니다. 그들은 주님과 즐거이 동행하는 삶을 회복해야 할 필요가 있습니다. 그들에게는 도움이 필요합니다.

그리스도가 없는 사람들을 구원하는 일과 하나님의 백성들을 소성케 하는 일, 이 두 가지 일을 이루기 위해 우리는 무엇을 해야 합니까? 우리는 잃어버린 바 된 자를 찾아 그리스도께로 인도하기 위해 열심히 수고할 뿐만 아니라, 우리가 할 수 있는 모든 것을 다하여 영적으로 자질을 갖춘 일꾼들을 배가시켜야 합니다. 이것이 하나님께 영광을 돌리는 길입니다. 그렇게 하기 위해서는 기도와 모든 가능한 수단을 동원하여 힘써 수고해야 합니다.

이 일에는 큰 모험이 따릅니다. 목숨을 걸어야 합니다. 일생을 걸어야 합니다. 하지만 헤아릴 수 없는 놀라운 축복과 상급이 약속되어 있습니다. 소성케 하는 것 곧 부흥은 선택 사항이 아닙니다. 반드시 해야 할 일입니다. 수많은 무기력한 사람, 절망과 좌절에 빠진 사람, 스스로는 어떻게도 할 수 없는 사람들이 그들의 삶 속에서, 새롭게 하시고 능력 주시는 하나님의 손길을 필요로 하고 있습니다. 이를 위해 성령께서는 하나님의 말씀으로 그들 가운데 역사하십니다.

그런데 성령께서는 누구를 통하여 이 일을 하십니까? 바로 예수님께서 우리에게 위하여 기도하라고 하셨던 그 **일꾼**들을 통하여 하시는 것입니다. 지상사명은, 잃어버린 자들에게 복음을 전하고, 구원받은 자들을 그리스도 안에서 세워 주는, 이 두 가지를 강조하고 있습니다. 이 지상사명이 우리의 생각, 우리의 기도, 우리의 시간을 사로잡아야 합니다. 이 지상사명의 성취를 위해 우리의 모든 것을 드려야 합니다. 당신은 이 지상사명에 사로잡혀 있습니까?

여호와여, 주는 주의 일을 이 수년 내에 부흥케 하옵소서. (하박국 3:2)

하나님께서 하나님의 일을 부흥케 하시기를 기도합니다. 아울러 하나님의 일꾼들을 부흥케 하시기를 기도합니다. 직접 영적 추수 터에 나아가 추수에 참여할, 수많은 일꾼들을 불러 일으켜 주시기를 기도합니다.

제 2 장
일꾼의 부족

일꾼은 적습니다. 예수님 당시에도 적었고 오늘날에도 적습니다. 교회에 나가는 사람들은 많습니다. 이런저런 강좌나 세미나도 많습니다. 수양회도 많이 열립니다. 크고 작은 집회도 많습니다. 프로그램도 다양합니다. 그러나 일꾼은 적습니다.

일 년이 지나고 십 년이 지나고 백 년이 지나고 천 년이 지나도 이런 상황이 계속되는 이유는 무엇일까요? 일꾼은 왜 여전히 부족하기만 합니까? 근본적으로 다섯 가지 이유를 생각해 볼 수 있습니다.

첫째, 만일 사탄이 부흥과 세계 복음화에 있어서 가장 중요한 전략적 요소를 공격하기로 한다면, 어디를 공격할 것이라고 생각합니까? 사탄은 그 노력과 수고를 어디에 집중할까요? 부차적인 문제에 집중적으로 힘을 쏟으려 할까요? 아닙니다. 문제의 핵심을 강타하려 할 것입니다. 마치 맹수와 같이 먹잇감의 목덜미를 노리고 사정없이 달려들어 치명타를 가하려 할 것입니다.

만일 어느 교회의 전 교인이 다 영적으로 잘 갖춰지고 헌신된 일꾼이 되어 주님과 주님의 지상사명을 위해 전폭적으로 드려진다면 어떤 결과가 나타날까요? 그 교회가 그 주위에 미칠 영향이 어떠할까를 한번 상상해 보십시오. 이처럼 그리스도의 사역이 이른바 몇몇 전문가들 즉 공적으로 임명을 받은 전임 사역자들에 의해서만이 아니라, 잘 훈련되고, 동기가 부여되고, 성숙하고, 열매가 풍성하고, 잘 무장된 수천, 수만, 수십만, 수백만의 평범한 신자들에 의해서도 수행되고 있다면 어떤 일이 일어나겠습니까? 오늘날 교회가 필요로 하고 있는 사람들이 바로 이런 사람들입니다. 자신의 생을 위한 하나님의 뜻을 발견하고 성취하는 것을 가장 큰 목표로 삼고, 매주 예배를 마치고 교회 문을 나설 때 '그리스도를 알고 그를 알게 하려는' 열망으로 불타서 세상으로 나아가는 일꾼들인 것입니다.

우리는 그러한 일꾼들의 힘이 엄청난 결과를 가져오리라는 사실을 잘 알고 있습니다. 사탄도 이것을 잘 알고 있습니다. 그러므로 사탄은 바로 이 일을 막는 데 자신의 노력과 수고와 힘을 집중적으로 쏟고 있습니다. 그는 우리로 하여금 어리석고, 의미 없고, 아무 가치도 없는 문제들을 가지고 서로 다투도록 유도합니다. 그러는 동안 수많은 사람들이 그리스도를 모르는 채 무덤으로 향하고 있습니다. 사탄은 우리로 하여금 '가장 중요한' 일은 버려둔 채 여러 가지 '좋은' 활동들에만 분주하게 만듦으로써, 복음을 전하고 제자를 삼는 지상사명과는 거리가 먼 삶에 빠지게 합니다.

이러한 사탄의 공격에 대항할 수 있는 우리의 힘의 최대 원천은 무엇일까요? 그것은 물론 그리스도의 능력입니다. 예수님께서는 마귀와 그 세력을 물리치실 수 있는 능력을 분명히 보여 주셨습니다(마가복음 5:1-13). 또한 예수님께서는 우리에게 무엇을 하라고 말씀하셨습니까? 예수님께서 주신 해결책은 의외로 아주 간단했습니다. 주님께서는 우리에게 기도하라고 말씀하셨습니다(마가복음 9:29 참조). 왜냐하면 우리가 인간적인 수단만 가지고서는 마귀의 힘을 물리칠 수 없기 때문입니다. 인간적인 어떤 노력도 형세를 일변시키지 못합니다. 왜 그렇습니까? 우리의 싸움은 영에 속한 싸움이요, 이 싸움은 영적인 무기로 싸워야 하기 때문입니다.

바울은, "우리가 육체에 있어 행하나 육체대로 싸우지 아니하노니, 우리의 싸우는 병기는 육체에 속한 것이 아니요 오직 하나님 앞에서 견고한 진을 파하는 강력(强力)이라"(고린도후서 10:3-4)고 말하고 있습니다. 그리스도인은 이 점에 실수가 있어서는 안 됩니다. 이것은 엄청난 모험이 따르는, 목숨을 걸고 벌이는 전 세계적인 싸움입니다. 당신과 나는 이에 맞서서 완전 무장을 해야 합니다.

바울의 말을 다시 들어 봅시다. "종말로 너희가 주 안에서와 그 힘의 능력으로 강건하여지고, 마귀의 궤계를 능히 대적하기 위하여 하나님의 전신갑주를 입으라. 우리의 씨름은 혈과 육에 대한 것이 아니요, 정사와 권세와 이 어두움의 세상 주관자들과 하늘에 있는 악의 영들에게 대함이라"(에베소서 6:10-12). 작은 일들에도 하나님의 능력과 지혜를 의지하십시오. 이 세상의 지혜를 의지하지 마십시오.

성경은 "이 세상이 자기 지혜로 하나님을 알지 못한다"(고린도전서 1:21)고 말합니다. 그렇다면 한 가지 물어보겠습니다. 세상이 하나님을 알지도 못한다고 하면, 하나님의 일을 하는 방법을 알아내기 위해 세상을 돌아다닌다는 것은 그야말로 어리석은 일이 아니겠습니까? 원천 되시는 분께로 나아가십시오. 주님을 의뢰하십시오. 그리스도의 능력으로 마귀가 결박되도록 기도하십시오(마가복음 3:27). 일꾼들의 성장을 막으려고 애쓰는 사탄을 이길 수 있도록 기도하십시오.

일꾼이 부족한 두 번째 이유는 일꾼이라는 용어 자체가 잘 나타내 보여 주고 있습니다. 일꾼이 된다는 말 속에는 별로 자랑스럽지 못하다는 생각이 은연중에 들어 있습니다. 사람이란 그 속성상 감독자, 책임자, 관리자, 또는 지시자가 되기를 바라지 천한 일꾼이 되고 싶어 하지 않습니다. 그런데 예수님께서 사용하신 단어의 의미는 정확히 '머슴', '품꾼', '막노동꾼'입니다. 그다지 듣기 좋지는 않을 것입니다. 우리 자신을 한낱 추수하는 품꾼으로 여긴다는 것은 품위를 손상시키는 일이 아니겠습니까? 인간적으로 말한다면 누가 천한 일꾼이 되고 싶어 하겠습니까? 흔히들 일자리를 찾다 찾다 없을 때 마지막으로 택하는 것이 막노동 아닙니까?

한번은 북부 독일에 갔을 때인데, 이 사실이 내게 강하게 부각되었습니다. 나는 나의 뿌리를 찾아보고 싶은 마음이 있어서 전도 여행 계획 중 며칠을 따로 떼어 놓았습니다. 나는 아버지가 독일에서 미국으로 건너왔다는 사실을 알고 있었지만, 그 정확한 출신에 대해서는 잘 몰랐습니다. 아버지의 출생증명서에는 올덴

부르크로 기록되어 있었지만 막상 거기 가서 알아보니 올덴부르크는 도시명이면서 한 주(州)에 해당되는 그 지방 전체를 지칭했다는 사실을 알게 되었습니다.

그러나 호적 담당자는 나폴레옹의 세금 수납 장부를 조사해 보면 혹시 도움이 될지도 모르겠다고 하면서 그것을 가지고 나왔습니다. 우리 둘은 그 장부에 아임스라는 성이 기록되어 있는지 찾아보았습니다. 일은 잘 풀렸습니다. 그런 성을 가진 사람이 세 명 있었는데 모두가 최북단 북해 연안 출신이었습니다. 그래서 그는 그 지방에 해당되는 커다란 호적 장부를 꺼내 와서 함께 한 페이지 한 페이지 조사하기 시작했습니다.

이틀 동안이나 그 많은 기록을 넘겨 보았으나 별 성과가 없는 것 같았습니다. 그러다 셋째 날 오후에 나는 드디어 찾아냈습니다. '헤로 파킨 아임스'라는 내 할아버지의 성함이 뚜렷하게 나와 있었습니다. 너무도 신이 나서 아내와 요한 아드보카트 형제에게 즉시 전화로 이 사실을 알렸습니다. 요한은 독일 네비게이토 선교회 간사였는데 그 일에 관심을 가지고 우리를 도와주고 있었습니다. 두 사람은 그곳으로 급히 왔고, 담당 직원도 달려와 그 이름을 확인했습니다. 그때까지도 그 직원은 내 일에 큰 흥미를 가지고 도와주었습니다. 거기에는 할아버지의 출생지, 생년월일, 직업 등 생애에 대한 주요 사항이 손으로 쓴 글씨로, 19세기 독일어로 또박또박 적혀 있었습니다.

흥미에 차서 그 기록을 읽어 내려가던 그 직원의 얼굴이 갑자기 동정 어린 표정으로 바뀌었습니다. "이거 안됐군요." 그는 할아버지의 직업을 기록해 놓은 부분을 읽고서는 이렇게 말하는 것이었습니다. 나는 속으로 '무슨 일인데 이럴까? 할아버지께서 혹시 말 도둑이라도 되셨단 말인가?'라는 생각까지 들었습니다. 이 사람에게 이처럼 연민의 정을 불러일으킬 만큼 안된 일이 도대체 무엇이란 말인가?

"그분이 하신 일이 무엇이죠?"

"이거 참, 말씀드리기 난처한데요. 할아버지께서는… 천한 일꾼이셨답니다!" 그가 말했습니다. 나의 할아버지는 짐마차를 모는 분이었나 봅니다. 북부 독일의 제방 쌓는 일을 돕기도 했습니다. 미국 서부 개척 당시의 말로 하자면 내 할아버지는 노새 몰이꾼이었습니다. 막노동꾼이었던 것입니다.

그 독일인 직원과는 달리 나는 대단히 신이 났습니다! 나는 할아버지가 생애를 정직한 노동일에 보냈다는 사실이 무척 기뻤습니다. 그러나 나는 그 사람의 마음을 이해할 수 있었습니다. 그는 내게 민망함을 느낀 것이 분명했습니다. 자기 조상을 찾느라 시간을 잔뜩 쏟았는데 겨우 그 조상이 천한 일꾼이었다는 사실만을 발견한 이 미국인을 보면 그런 마음을 가질 만도 합니다. 그 사람뿐 아니라 그게 세상 사람들의 일반적인 생각이기도 합니다.

그러나 나는 자신의 성장 배경을 돌아볼 때, 먼지투성이의 그 무더운 아이오와 농장에서 옥수수를 심고, 김을 매고, 이 일 저 일을 하면서 보낸 시절에 대해 진정 감사의 마음이 넘칩니다. 땀을 흘려야 하고, 고되고, 더러운 것들을 만져야 하는 일이었다는 것은 사실이지만, 그 일 가운데에는 귀하고, 없어서는 안 될 그 무엇이 있습니다. 만일 농사꾼이 일하지 않는다면, 세상은 먹고 살지 못합니다. 누군가가 농작물을 수확해야만 합니다. 곡식이

익으면 그것을 거둬들여야 합니다. 바로 그 일을 수행하는 사람이 되는 것은 결코 부끄러운 일이 아닙니다.

이것이 예수님께서 우리를 위해 그리시는 그림입니다. 마태복음 9:36-38에서 주님께서는 씨 뿌리는 일, 밭 가는 일, 김매는 일, 쟁기질과 써레질로 땅을 일구는 일에 대해서는 말씀하고 계시지 않습니다. 주님께서 말씀하고 계시는 것은 추수를 기다리고 있는 곡식을 거두어들이는 일입니다. 당신과 나는 스스로 자문해 보아야 합니다. '나는 과연 나 자신을 이 과업에 드릴 준비가 되어 있는가? 그렇지 않으면 하나님 나라의 평범한 일꾼이 되는 것을 부끄러워하는가? 그러한 사역은 나 같은 신분의 사람이 하기에는 천한 일이라고 느끼는가?' 만일 그렇다면 예수님께서 바로 그런 일꾼이셨다는 사실을 기억하십시오. 예수님께서는 이렇게 말씀하셨습니다. "때가 아직 낮이매 나를 보내신 이의 일을 우리가 하여야 하리라. 밤이 오리니 그때는 아무도 일할 수 없느니라"(요한복음 9:4).

사도들도 일꾼이었습니다. 요한복음 4:34-36에서 예수님께서 하신 말씀을 기억하시겠지요?

나의 양식은 나를 보내신 이의 뜻을 행하며, 그의 일을 온전히 이루는 이것이니라. 너희가 넉 달이 지나야 추수할 때가 이르겠다 하지 아니하느냐? 내가 너희에게 이르노니, 눈을 들어 밭을 보라. 희어져 추수하게 되었도다. 거두는 자가 이미 삯도 받고 영생에 이르는 열매를 모으나니, 이는 뿌리는 자와 거두는 자가 함께 즐거워하게 하려 함이니라.

일꾼의 일이 고되다고 해서 뒤로 물러나서는 안 됩니다. 일꾼에게는 물집이 생깁니다. 손발이 부르트고 등이 아픕니다. 피부는 햇볕에 검게 타고, 코와 입 안으로는 밭의 먼지가 들어옵니다. 이 모든 것이 사실이기는 하지만, 예수님의 말씀은 여전히 똑같습니다. 필요는 변하지 않았습니다. 필요가 더 커졌으면 커졌지 결코 줄어들지 않았습니다. 왜냐하면 추수하는 일꾼의 일은 이 세상의 참으로 큰 필요들을 채워 주는 전략적 열쇠가 되기 때문입니다. 그 필요들은 곧 교회의 부흥과 예수 그리스도께서 주신 지상사명의 수행인 것입니다.

일꾼이 부족한 세 번째 이유는 근시안적인 안목 때문입니다. 우리는 치러야 할 대가는 보면서도 따르는 보상은 보지 못합니다. 진정 가치 있는 것일수록 값이 비싸다는 사실을 기억해야 합니다. 최근에 나온 새 자동차가 10년 된 낡은 자동차보다 값이 더 비쌉니다. 만약 누가 당신에게 둘 중 하나를 가지라고 한다면, 어떤 차를 택하겠습니까? 말할 필요가 없겠지요? 값도 비싸고 오래 탈 수 있는, 더 좋은 새 차를 택할 것입니다. 일꾼의 경우도 마찬가지입니다. 일꾼이야말로 하나님의 위대한 계획을 이루는 데 말할 수 없이 귀하고, 없어서는 안 되며, 다른 무엇으로 대치할 수 없는 존재인 것입니다.

생을 포기하려 하던 한 여인이 있었습니다. 그녀의 삶은 사실상 파멸 직전의 처지에 놓여 있었습니다. 그때 일꾼 된 한 자매가 그녀에게 관심을 갖고 그녀를 위해 기도하기 시작했습니다. 곧 그 일꾼은 그녀와 점심을 같이 하면서 성경 말씀을 나누었습니다. 그러고는 함께 기도하기 위해 매주 한 차례씩 점심시간을 같이 보내기로 했습니다. 곧 두 여인은 성경공부를 함께 하게 되었고, 얼마 안 가서 그녀는 성경 암송도 시작하기에 이르렀습니다.

신선한 은혜의 미풍이, 짓눌리고 슬픔에 겨운 그 영혼을 소성시키기 시작했습니다. 슬픔이 기쁨으로, 절망이 희망으로, 내적 불안이 평안으로 바뀌었습니다. 그녀는 영적 뿌리를 그리스도 안에 내리기 시작했습니다. 영적 성장이 시작되었습니다.

그녀를 잘 알고 있던 다른 사람들이 그녀를 보고 궁금한 마음이 생겼습니다. '저 여자에게 무슨 일이 일어났을까? 무엇이 그에게 이처럼 놀라운 변화를 가져다준 것일까?' 간단합니다. 한 일꾼이 그녀에게 나타나서 성령의 인도와 축복 가운데 주님께 쓰임을 받아, 주님께서 고통당하는 그녀의 영혼 속에서 역사하시도록 도왔던 것입니다. 그녀는 소성되었습니다.

예수님께서는 어느 안식일에 나사렛의 회당에 모인 사람들에게 일꾼의 사역에 대해 설명하시려고 이사야서에서 몇 구절을 읽으셨습니다.

주 여호와의 신이 내게 임하셨으니, 이는 여호와께서 내게 기름을 부으사 가난한 자에게 아름다운 소식을 전하게 하려 하심이라. 나를 보내사 마음이 상한 자를 고치며, 포로 된 자에게 자유를 갇힌 자에게 놓임을 전파하며, 여호와의 은혜의 해와 우리 하나님의 신원의 날을 전파하여 모든 슬픈 자를 위로하되, 무릇 시온에서 슬퍼하는 자에게 화관을 주어 그 재를 대신하며, 희락의 기름으로 그

슬픔을 대신하며, 찬송의 옷으로 그 근심을 대신하시고, 그들로 의의 나무, 곧 여호와의 심으신 바 그 영광을 나타낼 자라 일컬음을 얻게 하려 하심이니라. (이사야 61:1-3)

그리고 이제는 감사하게도, 앞서 얘기한 그 여인은 '의의 나무'가 되었습니다. 그녀의 삶은 열매를 맺기 시작하여, 성령께서 한 충성된 일꾼을 통해 그녀에게 이루신 사역을 이제는 자신이 다른 사람들에게 행하고 있습니다. 한 사람의 일꾼이 하나님의 나라에 더 들어온 것입니다. 그것은 값이 요구된 과정이었습니까? 물론입니다! 많은 시간을 통화하였습니다. 하기 어려운 시간에 전화를 하느라고 불편을 겪은 일도 자주 있었습니다. 많은 시간을 그녀를 위해 기도했고, 많은 시간을 그녀와 함께 기도하는 데 보냈습니다. 많은 시간을 성경공부에 투자하여 그녀를 가르쳐 주고 세워 주고 격려해 주었습니다. 아무도 그 일이 쉬울 것이라 말하지는 않았습니다. 밭에 나간 일꾼에게 날씨가 잔뜩 찌푸린다거나 무덥거나 일이 고되다는 것, 그리고 시간이 오래 걸린다는 것은 별로 문제가 되지 않습니다. 그것은 곧 그의 삶인 것입니다.

해외에 선교사로 파송되어 주님을 섬기고 있는 절친한 친구가 있습니다. 하루는 어떤 사람이 열병이나 위장병 등으로 늘 어려움을 겪고 있는 그에게 무슨 좋은 대책이라도 있느냐고 물었습니다. 그는 이렇게 대답했습니다. "예, 내 위장이 점점 나빠지고 있다는 건 나도 잘 압니다. 아마 앞으로 수명이 몇 년은 줄어들지도 모르죠. 하지만 세상의 가난하고, 병들고, 슬픔 가운데 살아가는 수많은 사람들을 보십시오. 저들에게 구원과 소망을 가져다주는 일에 하나님께 쓰임받을 수 있는 일꾼들이 필요합니다. 이 일꾼들을 불러 일으키는 일을 위해서라면 치르지 못할 값이 어디 있겠습니까?"

내 선교사 친구는 마음만 먹으면 얼마든지 다른 직종에 종사할 수도 있습니다. 그는 저명한 대학교에서 고체물리학 박사 학위를 받은 사람입니다. 그는 학계에서 저명한 인사가 되어 생을 쉽게 살아갈 수도 있었습니다. 그러나 그는 추수하는 일꾼이 되었습니다. 왜냐하면 하나님께서 그를 가난한 마을 사람들에게로 보내셨기 때문입니다. 그는 수많은 일꾼들이 불러 일으켜져서 그들의 삶과 사역을 통해 이 땅이 변화되는 것을 내다보는 비전을 가지고 있었습니다. 그리스도와 그분의 말씀에 굶주려 있는 사람들이 있는 곳이라면 어디라 할지라도 일꾼을 보내려는 것이 하나님의 계획입니다. 과연 어떤 수단을 통해 이 일을 하고 계십니까? 기도와 수고입니다. 그분의 전략은 무엇입니까? 영적 배가입니다. 이에 대해서는 후에 다시 살펴보겠습니다.

일꾼이 부족한 네 번째 이유는 기도하지 않는 것입니다. 이 면에 있어서 우리는 별 생각도 없이 예수님의 명령에 순종하지 않고 있습니다. 우리는 추수하는 주인에게 일꾼을 보내 달라는 기도를 간절한 마음으로 하지 않고 있습니다. 어느 도시의 한 신학교에서 제자삼는 사역에 대한 세미나가 5일 동안 열렸는데, 이 세미나에 참석했던 많은 목사들이 이 사실을 솔직히 인정했습니다. 나는 참석자들에게 그들끼리 일꾼 부족의 문제점에 관해 토의하고 다음날 첫 번째 모임에서 그 이유를 발표하도록 했습니다.

다음날 발표할 기회를 주자 한 사람이 일어섰습니다. 그는 그 그룹의 대표로 뽑힌 사람이었습니다. 그 그룹에서는 다섯 사람 모두가 일치된 이유를 가졌다는 것이었습니다. 그가 발표한 내용은 핵심을 찔렀습니다. "우리는 우리 자신의 기도가 부족하기 때문에 일꾼이 적다는 데 의견의 일치를 보았습니다." 그가 자리에 앉자, 그 그룹의 멤버들은 서로를 바라보면서 고개를 끄덕였습니다. 그들의 표정은 솔직히 수치심과 후회의 감정을 나타내고 있었습니다. 그들은 그런 발표를 하는 것을 부끄럽게 여겼습니다.

만일 기도의 부족이 일꾼이 적은 주된 요인이라는 생각에 공감이 가지 않는다면 당신에게 한 가지 물어보겠습니다. 일꾼을 위한 기도가 당신의 삶 가운데는 얼마나 큰 비중을 차지하고 있습니까? 당신은 일꾼을 위해 기도하고 있습니까? 당신이 알고 있는 사람 중에 이것을 기도 제목 가운데 우선순위로 정해 둔 사람이 있습니까?

매우 기본적인 삶의 영역들에서 대개가 이런 식이라는 것이 흥미롭지 않습니까? 우리는 성경을 읽기보다는 성경에 관한 책들을 읽습니다. 기도하기보다 염려합니다. 직접 전도를 하기보다는 그것을 전임 사역자에게 넘김으로써 양심을 달랩니다. 그리고 일꾼을 위해 기도하기보다는 분주한 일거리에 빠져 버립니다. 우리는 일을 복잡하게 만들기를 좋아합니다. 그러나 예수님의 해결책은 너무나 단순해 보입니다.

마지막으로 일꾼이 부족한 다섯 번째 이유는 설명하기가 그리 쉽지는 않겠지만 할 수 있는 대로 쉽게 말해 보겠습니다. 오늘날 일꾼이 적은 이유는 기독교계의 많은 사람들이 성경에 그러한 종류의 사람들이 있다는 사실조차 인식하지 못하기 때문입니다. 그들은 새로운 결신자들이 있다는 것을 압니다. 제자들에 대해서도 알고 있습니다. 목사, 선교사, 교사 등 그리스도의 사역자들이 있다는 것을 알고 있습니다. 그러나 일꾼에 대해서는 모르고 있습니다. 일꾼은 대개 전혀 관심 밖의 존재입니다.

얼마 전 내 친구는 세계 각 곳에서 온 다섯 명의 지도급 목사들과 인터뷰를 가졌습니다. 나는 인터뷰 내용을 정리한 자료를 받아 보았습니다. 주제는 '부흥과 세계 복음화'였고, 인터뷰의 주된 질문은 "당신이 속한 곳에서 그리스도를 널리 전파하여 부흥을 일으키고 세계 복음화를 이루기 위해 당신의 교회가 필요로 하고 있는 것은 무엇입니까?" 하는 것이었습니다. 답으로는 두 가지가 나왔는데, 보다 많은 제자와 지도자가 필요하다는 것이었습니다. 공감이 가는 내용이었습니다.

그러나 여기에는 중요한 요소가 한 가지 빠져 있었습니다. 영적으로 자질을 갖춘 일꾼이라는 핵심이 언급되어 있지 않았습니다. 왜냐하면 이 사람들은 그 방면으로는 별로 생각을 하지 않았기 때문입니다.

예수님께는 수많은 제자들이 있었습니다. 많은 사람들이 진지하게 배우려는 마음으로 그분을 따랐습니다. 주님께는 지도자 팀에 속하는 사도들도 있었지만 또한 '70인' 제자들도 있었습니다. 그들은 어떤 사람들이었습니까? 겉보기에 그들은 칭송받지 못하고 알려지지도 않은 사람들이었지만, 예수님께서 열두 제자에게 주셨던 직무와 사실상 같은 일을 능히 수행할 수 있었습니다(마태복음 10장과 누가복음 10장 참조). 공적인 지위도 없었고, 남들이 우러러볼 만한 높은 직함도 없었습니다. 해야 할 고된 일만 많이 있었습니다. 머슴과 같은 일꾼인데, 이러한 일꾼은 고작 70인에 불과했습니다. 그들은 수적으로는 적었으나 능력이 있었습니다.

오늘날 우리가 필요로 하는 것이 바로 이런 일꾼들이 아닙니까? 그들은 사람들의 필요를 능히 채워 줄 수 있는 사람들입니다. 잃어버린 자들에게 나아가 복음을 증거할 뿐더러, 구원받은 이들을 세워 주는 일에 잘 무장된 사람들입니다. 그들은 자신의 삶을 하나님께 온전히 드린 사람들입니다. 그들의 초점은 '가서 모든 족속으로 제자를 삼으라'는 그리스도의 지상사명에 맞춰져 있습니다. 이런 일꾼들이 크게 일어나게 되기를 기도합니다!

제 3 장
일꾼의 직무

　동부 말레이시아의 사라와크 밀림지대에 사는 무루트 족은 오랜 세월 동안 사람을 사냥하는 습속을 지녔던 야만인이었습니다. 서구 문물이 들어오자 그 부족은 알코올로 거의 망하다시피 되었습니다. 그 무렵 호주 출신의, 주님의 일꾼이 몇 사람 이곳으로 들어왔습니다. 하나님의 은혜로 지금은 3만 무루트 족의 거의 반수가 그리스도께 대한 믿음을 고백하고 있습니다.

　어느 명문 대학의 인류학 박사인 한 미국인이 무루트 족 연구를 위해 그 대학의 후원으로 이곳에 오게 되었습니다. 그가 발견한 것은, 술의 해독과 사람을 사냥하는 피 흘리는 전쟁으로 고초를 당하는 종족이 아니라, 건강하고 경탄할 만한 생활양식을 가지고 살고 있는 사람들이었습니다. 그는 원주민들의 공동 주택에서 1년 동안 함께 살면서 복음이 그들에게 어떤 영향을 주었는지 익히 보게 되었고, 자신의 남은 생을 사라와크 밀림에서 그리스도께 바치게 되었습니다. 심령을 변화시키는 복음의 능력은 부인할 수가 없습니다. "그런즉 누구든지 그리스도 안에 있으면 새로운 피조물이라. 이전 것은 지나갔으니, 보라 새것이 되었도다"(고린도후서 5:17). 복음이 이처럼 엄청난 일을 하는데도, 많은 사람들이 그것을 주위에 전파하지 않고 있다는 것은 심히 부끄러운 일이 아닐 수 없습니다.

    조지 뮐러는 1800년대에 하나님께 쓰임받은 믿음의 사람으로서, 수천 명의 버림받은 고아들에게 옷과 음식과 집을 마련해 준 그리스도의 일꾼이었습니다. 그가 원래부터 궁핍한 사람들을 구제해 주는 일에 전적으로 헌신한 인정 많은 사람이었을까요? 아닙니다. 젊은 시절에 그는 오로지 자신만을 위해 살던 이기적인 사람이었습니다. 그는 도둑질도 많이 했습니다. 그는 다음과 같이 기록하였습니다. "내 죄가 발각될 때마다, 어떻게 하면 다음번에는 그 일을 발각되지 않게 보다 교묘하게 처리할 수 있을까 하는 생각 이외에 다른 생각을 해본 기억이 별로 없습니다."
  모친이 세상을 떠나던 날, 조지 뮐러는 선술집에서 술을 마시고 반은 취한 상태로 길거리로 나갔습니다. 그날 그는 자신이 '형편없이 부도덕한 죄인'임을 비로소 깨달았습니다. 그 후 새사람이 되려고 수시로 노력을 시도해 보기도 했습니다. 그는 계속 이렇게 쓰고 있습니다. "그러나 그런 일을 내 스스로의 힘으로만 하려고 했기 때문에, 얼마 가지 않아 모든 것이 수포로 돌아갔고, 나는 더욱 악한 상태에 빠졌습니다." 그는 사기와 절도 죄목으로 투옥되었습니다. 얼마 후 감옥에서 풀려난 후에도 '방탕한 생활'을 계속했습니다. 그는 빚더미 속에 빠졌습니다. 사람들을 속여 돈을 가로채거나 갚을 생각도 없이 아는 친구들에게서 돈을 빌려 쓰기도 했습니다.

이야기는 계속 이어 나가지만, 요점은 이렇습니다. 때로 뮐러는 자신이 변화되어야만 한다고는 느꼈습니다. 그는 미약하나마 몇 가지 시도를 해보기도 했지만 아무런 소용이 없었습니다. 그러다가 복음을 듣게 되었고 회개를 하게 되었습니다. 그는 이렇게 썼습니다. "이제 나의 삶은 크게 달라졌습니다. 모든 죄를 한꺼번에 다 버린 건 아니었지만 악한 친구들을 떠났고, 선술집에 가는 일도 딱 끊었습니다. 습관적으로 하던 거짓말도 이젠 더 이상 하지 않게 되었습니다." 더 이상 습관적인 죄 속에서 살지 않게 되었습니다. "나는 성경을 읽기 시작했고, 자주 기도했으며, 형제들을 사랑하게 되고, 이제는 올바른 동기로 교회에 나가게 되었습니다. 비록 옛 친구들의 조롱을 받기도 했지만, 나는 그리스도 편에 서게 되었습니다."

그것은 불쌍한 고아들을 돌보는 일에 전적으로 헌신한 삶의 시작이었습니다. 무엇이 거짓말쟁이요 부도덕한 사기꾼이요 도둑질을 일삼던 사람을 교회사에 찬연히 빛나는 위인으로 바꾸어 놓았습니까? 무엇이 그의 삶에 그토록 놀라운 변화를 일으켰습니까? 바로 그리스도의 복음입니다! 이처럼 복음에는 사람을 근본적으로 바꾸어 놓는 놀라운 능력이 있습니다. 우리는 그 한 사람의 삶 가운데 일어난 그런 극적인 변화를 보고도 그리 놀라지는 않습니다. 왜냐하면 성경은 그러한 변화의 예들을 숱하게 보여 주고 있기 때문입니다.

불의한 자가 하나님의 나라를 유업으로 받지 못할 줄을 알지 못하느냐? 미혹을 받지 말라. 음란하는 자나, 우상 숭배하는 자나, 간음

하는 자나, 탐색하는 자나, 남색하는 자나, 도적이나, 탐람하는 자나, 술 취하는 자나, 후욕하는 자나, 토색하는 자들은 하나님의 나라를 유업으로 받지 못하리라. 너희 중에 이와 같은 자들이 있더니 주 예수 그리스도의 이름과 우리 하나님의 성령 안에서 씻음과 거룩함과 의롭다 하심을 얻었느니라. (고린도전서 6:9-11)

이처럼 죄에 찌든 고린도 사람들을 변화시킨 것이 무엇이었습니까? 바로 **복음**이었습니다. 복음이 이토록 능력 있는 것임에도 불구하고, 더욱 많은 사람들이 나아가 그것을 사방에 전파하고 있지 않다는 것은 부끄럽기 그지없는 일입니다.

1983년 암스테르담에서 열린 국제 순회전도자 대회 기간 동안 일간 신문들은 레바논에서 벌어지고 있는 격렬한 싸움과 전쟁의 확대 소식을 연일 보도했습니다. 많은 사람이 목숨을 잃었습니다. 이스라엘은 시리아에게 책임을 전가했습니다. 레바논은 시리아를 비난했습니다. 시리아는 이스라엘과 레바논을 비난했습니다. 상호간의 신뢰는 땅에 떨어졌습니다. 수십 년간의 증오와 반목, 질시에서 비롯된 깊은 원한이 땅에 가득했습니다.

이러한 중동의 소란 속에서도, 문제에 대한 진정한 해결책을 분명한 말씀으로 제시해 준 이 대회 기간에 뜻 깊은 일이 있었습니다. 겉으로 보기에는 아무 주목도 받을 만하지 않은 그런 일이었지만, 주의 깊게 들여다보면 참으로 깊은 의미가 있었습니다. 한 조그만 식탁에서 세 명의 남자가 자리를 같이하고 커피를 마시면서 교제를 즐기고 있었습니다. 그들은 복음의 능력으로 변화된 사람들이었습니다. 세 사람은 이스라엘인, 레바논인, 시리아 인이었습니다. 인간적인 해결책들을 위해 투자된 수백, 수천만 달러의 돈으로도 할 수 없었던 일이요, 세속적인 협상들을 위해 수백, 수천 시간을 들여도 할 수 없었던 일이며, 양측의 능란한 최고급 외교관들이 수천, 수만 킬로미터를 돌아다니면서도 할 수 없었던 일을, 하나님께서 주신 **복음**이 해결했던 것입니다. 복음의 능력을 통하여, 상처는 치료되고, 증오는 사랑으로 바뀌었으며, 전쟁 중인 세 나라 사람이 친구로서 자리를 함께했습니다. 예수 그리스도와 그분의 복음으로 말미암아 이 사람들은 이제 "외인도 아니요, 손도 아니요, 오직 성도들과 동일한 시민이요, 하나님의 권속"(에베소서 2:19)이 되었습니다. 앞에서 이미 말했듯이, 복음이 이토록 능력 있는 것임에도 불구하고, 더욱 많은 사람들이 나아가 그것을 사방에 전파하고 있지 않다는 것은 부끄러운 일입니다.

당신은 복음이 주위에 더욱더 확산되어 나가지 못하는 이유를 알고 계십니까? 끊임없이 하나님 나라의 복음을 널리 전파하는 일꾼들이 부족하기 때문입니다. 많은 이들이 일꾼이 무엇이며, 그 하는 일이 무엇인가에 대한 분명한 개념이 없습니다. 이제 추수하는 일꾼의 광범위한 직무와 연관하여, 나 자신의 경험에 비추어 몇 가지 기본적인 원리를 알아보겠습니다.

일꾼은 끈기가 있어야 합니다. 처음에 성공하지 못하면, 또 해보고 자꾸 해보아야 합니다. 이웃 사람들을 다과에 초대했는데 반응이 신통치 않았습니까? 좋습니다. 실망하지 말고 다음번에는 운동 경기를 함께 관전하거나 저녁 식사에 초대해 보십시오. 옆집 사람들로 하여금 성경공부에 관심을 갖도록 애써 보았지만 별 소득이 없었습니까? 좋습니다. 이번에는 길 건너편에 사는 부부에게 접근해 보십시오.

최근에 나는 위클리프 성경 번역 선교회의 집회에서 말씀을 전하기 위해 댈러스에 간 적이 있습니다. 콜로라도스프링스에서 비행기를 탔는데, 옆 자리에는 키가 훤칠하고 어깨가 떡 벌어진 젊은이와 그의 아내가 탔습니다. 그는 법정에서 증언을 하기 위해 호놀룰루로 가는 경찰관이었습니다. 그들에게 전도를 하기 시작하다가 곧 그들이 그리스도인인 것을 알게 되었습니다.

우리가 탄 비행기는 일단 덴버에 착륙하여 승객들을 더 탑승시킨 후에 댈러스까지 논스톱으로 운항하게 되어 있었습니다. 덴버 공항에서 약 30분 정도 머물게 되어 있었기 때문에 나는 전도할 사람이 없을까 하고 통로 위아래를 살피며 거닐었습니다. 한 젊은 공군 중위에게 말을 걸었는데 그도 그리스도인이었습니다. 그 무렵 덴버 공항의 승객들이 비행기에 오르기 시작했습니다. 새롭게 내 옆 좌석에 앉은 사람은 노스다코타 출신의 젊은 기술자였습니다. 그는 그리스도인이 아니었기 때문에, 나는 그에게 복음을 증거하는 은혜로운 시간을 가졌습니다. 그 일을 통하여 일꾼은 끈기가 있어야 한다는 교훈을 배웠습니다.

일꾼은 언제나 **준비**가 되어 있어야 합니다. 얼마 전에 아프리카의 마사이 족에 속한 사람이 간증하는 것을 들은 적이 있습니다. 그는 자신이 어떻게 하여 그리스도를 믿게 되었는지에 대해 말하고 나서, 창으로 사자를 사냥하는 방법을 보여 주었습니다. 사자가 뛰어오를 때가 결정적인 순간입니다. 바로 그 순간에 창을 던져야 사자를 잡을 수 있다고 합니다. "창이 빗나가면 어떻게 하죠?" 하는 질문을 받고 그 마사이 전사는 잠시 생각해 보더니, "내가 사자를 놓치게 되면 우리 식구들이 나를 놓치게 되는 거죠"라고 대답했습니다.

나는 이 사람이 생사의 원리를 그처럼 사실적으로 묘사하는 것을 듣고 그것을 증거와 연관 지어 보았습니다. 사실이 그렇지 않습니까? 종종 우리는 딱 한 번의 좋은 기회를 얻습니다. '때를 얻든지 못 얻든지' 하나님의 말씀을 전하라(디모데후서 4:2 참조)는 권면을 따르기 위해서는, '대답할 것을 항상 예비하라'(베드로전서 3:15 참조)는 명령을 따라야 합니다.

최근에 중앙아메리카의 어느 도시에서 있었던 두 세력 간의 총격전의 와중에 지나가던 한 남자가 가슴에 총을 맞게 되었습니다. 마침 가까이 있던 택시 운전사가 보도에 쓰러져 있는 그를 발견하고 들어다 자기 차에 싣고 병원으로 옮겼습니다. 병원으로 가는 도중 부상을 입은 그 사람이 택시 운전사에게 복음을 전하여 운전사를 그리스도께로 인도하였습니다. 그는 준비된 일꾼이었던 것입니다.

일꾼은 다리를 놓아야 합니다. 오늘날 세상의 많은 사람들은 예수님께서 행하신 것과 가르치신 것에 무관심합니다. 과거 종교개혁을 주도했던 유럽 여러 나라의 영적 풍토는 오늘날 복음에 대해 여간 냉랭한 것이 아닙니다. 어떤 이는 그것을 '영적 빙

하기'라 부릅니다. 독일을 방문하는 사람들은 교회의 영향력이 고갈되어 있다는 사실을 발견하곤 합니다. 그런 지역을 여행하다 보면, 한때는 영적으로 갈급한 사람들로 가득 메워져 있던 대교회당들이 이제는 말 그대로 텅 비어 있는 것을 보고 슬픔을 느끼게 됩니다.

'교회'에 환멸을 느끼게 된 사람들의 마음을 어떻게 하면 돌려 놓을 수 있을까요? 헌신된 일꾼이 그들을 향해 다리를 놓아야 합니다. 그렇다면 어떤 자재로 다리를 놓을 수 있겠습니까? 주님의 여러 일꾼들이 효과적이라고 생각해 온 몇 가지 영적 건축 자재들에 대해 알아보겠습니다.

1. 사람들을 사랑할 것. 그리스도인의 사랑은 사람들의 영적인 무지에 대해 친절과 관용을 가지고, 그리고 그들의 비성경적인 생활 방식에 대해 인내를 가지고, 그들을 한 개인으로서 존중해 주는 데서 나타납니다.

2. 적극적인 그리스도인의 삶을 살 것. 하나님 나라의 시민답게 순결한 삶을 살아감으로써 그리스도께서 당신 안에 계심을 나타내 보이십시오.

3. 지식을 갖출 것. 인생의 의미와 목적, 삶에서 맞이하는 고난과 역경, 그리고 자유와 기쁨에 대한 갈망 등에 대해 그리스도인의 입장에서 답해 줄 수 있는 내용들을 최선을 다해 알아 두십시오.

4. 성령을 의뢰할 것. 끊임없이 성령의 인도와 지혜 및 능력을 의뢰하십시오. 성령께서 당신을 도와주실 것입니다. 당신은 말씀과 기도의 능력을 확신하고 그들에게 담대히 나아갈 수 있게 될 것입니다.

5. 그들의 말을 경청할 것. 그들이 생각하고, 말하고, 믿는 바를 진지하게 경청하고, 그들의 진심을 존중하십시오.

6. 관심을 보일 것. 몇 달 전 인도네시아에서 우리 일꾼 가운데 한 사람이 차를 몰고 가다가 자전거를 타고 가던 한 모슬렘 여인을 치었습니다. 그는 그녀를 병원에 옮겨서 여러 주 동안 정성껏 돌봐 주고 모든 비용을 지불함은 물론 그녀의 모든 필요를 공급해 주었습니다. 그 여인의 남편은 자기 아내에게 보여 준 배려와 관심을 보고 크게 놀랐습니다. 그 사건을 통해 그는 그들에게 복음을 전할 수 있었습니다. 그들은 그의 정직한 관심을 보고 그것을 그리스도의 가르침과 연관시켜 생각했습니다. 지금 그 부부는 성경공부에 참석하고 있는데 그리스도께 마음이 많이 열려 있습니다.

7. 정죄하지 말 것. 다른 사람들의 생활 방식이 우리에게는 거슬릴 수도 있겠지만, 우리는 재판관이 아니라 증인이라는 사실을 알아야 합니다. 간음하다 잡힌 여인에게 예수님께서는, "나도 너를 정죄하지 아니하노니"(요한복음 8:11)라고 말씀하셨습니다. 다른 사람들의 생활 방식과 가치 체계를 이해하도록 노력하십시오.

8. 주님 안에서 기뻐할 것. 증거의 결과가 언제나 긍정적이요 성공적인 것은 아닙니다. 일꾼에게는 좋은 결과뿐만 아니라 거절과 고난도 찾아오는 법입니다. 그런 경우라 할지라도 우리는 그리스도 안에서 항상 기뻐해야 할 이유가 있습니다.

9. 확고하면서도 융통성을 가질 것. 케네스 라투렛은 기독교확장사라는 책에서 초대 교회가 놀라우리만큼 성공을 거두고 확장되어 나갈 수 있었던 이유의 하나로 비타협적이면서도 동시에

유연할 수 있었던 점을 들었습니다. 초대 교회는 그 시대의 사회 풍습 및 도덕 관습과 타협하기를 거부하였습니다. 라투렛은 말합니다. "이는 그리스도인들에게 그들의 확신을 지키는 힘의 원천이 되었으며, 사람들을 그리스도께 인도하고자 하는 열정을 제공해 주었다. 초대 교회는 적응력이 뛰어났지만, 본질적인 것에 관한 한 타협을 거부하였다."

초대 교회 그리스도인들은, 그 지역의 문화권에서는 종교적으로든 사회적으로든 불신자들이 정상적이고 바람직한 생활의 일부로 받아들이던, 여러 인정된 관습에 따라 행동하지 아니하였습니다. 사도 베드로는 그 시기의 이교도들에 관해 다음과 같이 기록하였습니다. "이러므로 너희가 저희와 함께 그런 극한 방탕에 달음질하지 아니하는 것을 저희가 이상히 여겨 비방하나"(베드로전서 4:4). 이 사람들은 그들의 사회에서는 일상적인 일을 더 이상 행하지 않는 그리스도인들을 아주 비정상적인 사람들로 생각했습니다.

바울은 데살로니가 성도들에게 이렇게 말했습니다. "너희가 온 마게도냐 모든 형제를 대하여 과연 이것을 행하도다. 형제들아, 권하노니 더 많이 하고, 또 너희에게 명한 것같이 종용하여 자기 일을 하고 너희 손으로 일하기를 힘쓰라"(데살로니가전서 4:10-11). 나중에 그는 같은 사람들에게, "우리가 너희와 함께 있을 때에도 너희에게 명하기를, '누구든지 일하기 싫어하거든 먹지도 말게 하라' 하였더니"(데살로니가후서 3:10)라고 말했습니다. 그러한 생각들은 모든 육체노동을 종이나 노예가 하는 일로 간주하던 헬라인의 사회에서는 폭발물과도 같은 것이었습니다. 자존심이 있는 헬라인이라면 어느 누구도 자기 손으로 일하지 아니하였습니다. 자기 손으로 일하라는 것은 들어 보지도 못한 말이었습니다.

또 이에 못지않게 헬라인들에게 놀라운 것은 데살로니가전서 4:7에 나오는 바울의 말입니다. "하나님이 우리를 부르심은 부정케 하심이 아니요, 거룩케 하심이니." 순결은 헬라 사회에서는 전혀 알려져 있지도 않을 정도로 낯선 덕목이었습니다. 그리스도인들은 그리스도인의 덕목에서는 조금도 양보하지 않으면서 주변의 불신자들에게 전도를 하기 위한 노력에 있어서는 지혜가 있었습니다.

10. 불쾌감을 주지 말 것. 최근에 나는 비행기를 타고 가다가 동석자에게 전도를 시도해 본 적이 있습니다. 여러 가지 방법으로 최선을 다해 보았지만 그는 헤드폰을 끼고 얼굴을 창으로 돌려 버렸습니다. 나는 입을 닫았습니다. 나는 그가 영적인 문제에 관해 이야기하고 싶은 분위기에 있지 않다는 것을 알 수 있었습니다. 나는 마음속으로 그를 위해 기도하고 그를 주님께 부탁하고 나서 자리에 가만히 앉아 책을 읽었습니다.

증거의 주요 원칙 가운데 하나는 다음 증거자를 위해 문을 열어 놓는 것입니다. 물론 강권해야 할 경우도 많이 있겠지만, 듣기 싫어하는 사람을 강제로 듣게 하려고 지나치게 성가시게 함으로 불쾌감을 주어 마음을 아예 닫게 만드는 일이 없도록 하십시오. 우리는 사람 낚는 어부들입니다. 낚시꾼은 물고기 앞에 미끼를 매달아 두고서 물고기가 물기를 기다립니다. 모세는 불타는 떨기나무를 보고 관심이 생겼습니다. "이에 가로되, '내가 돌이켜 가서 이 큰 광경을 보리라. 떨기나무가 어찌하여 타지 아니하는 고?' 하는 동시에"(출애굽기 3:3). 하나님께서는 모세에게 억지로 하게 하지 않으셨습니다. 단지 모세의 주의를 불러일으키셨고 모세는 거기에 응답하였습니다.

11. 쓸데없는 두려움에 사로잡히지 말 것. 성경은 "하나님이 우리에게 주신 것은 두려워하는 마음이 아니요, 오직 능력과 사랑과 근신하는 마음이니"(디모데후서 1:7)라고 하였습니다. 물론 때로는 두려움에 빠질 때도 있습니다. 그러나 우리는 '두려워하는 마음'에 사로잡혀 살아서는 안 됩니다. 우리는 하나님께만 사로잡혀 살아야 합니다.

1960년대 말의 일입니다. 히피 운동이 한창이던 시절입니다. 나는 콜로라도 대학교에서 말씀을 전하게 되었습니다. 내 개인 간증을 나누고 복음을 전한 후, 질문이 있는 사람은 아무나 해도 좋다고 했습니다. 대답하기 어려운 질문들도 있었지만 분위기가 괜찮았습니다. 그런데 질의응답 시간이 끝날 무렵 히피 스타일의 학생 하나가 자리를 박차고 앞으로 나왔습니다. 가죽 재킷 차림에다 머리는 치렁치렁 길고 큰 장화를 신고 있었으며 거기다 선글라스를 삐딱하게 쓰고 있었는데, 뭔가 못마땅하기라도 한 듯 잔뜩 화난 표정을 짓고 있었습니다. 나는 그가 날 꼭 칠 것만 같다는 생각이 들어 재빨리 자리에 앉아 버렸습니다. 설마 앉아 있는 사람을 치지는 못하겠지! 그는 뚜벅뚜벅 내게로 다가오더니 흥분된 어조로 말했습니다. "지금까지 들어본 것 중에 제일 명쾌하고 시원했습니다!" 나는 안도의 한숨을 쉬었습니다. 두려움은 쓸데없는 것이었습니다.

한번은 선교를 위하여 아내와 함께 중남미 지역을 두루 다니며 여행을 했습니다. 어느 날 밤 우리는 묵고 있던 호텔 근처의 거리에서 무슨 총소리가 요란하게 들려오는 바람에 잠이 깨었습니다. 나는 일어나 침대에 앉아서 전에 잡지와 신문에서 읽은 적이 있었던 이들의 반미 감정에 대해 곰곰이 생각해 보았습니다. 밖에서는 대포, 박격포, 수류탄, 자동소총, 기관총 소리가 계속 들려왔습니다. 그날 밤 우리는 한숨도 자지 못하고 뜬눈으로 새웠습니다. 도대체 무슨 전투가 벌어지고 있는지, 우리는 안전한지 어떤지도 모르는 상황이었습니다.

다음날 보니 전투를 한 흔적은 하나도 없었습니다. 그래서 우리는 아침을 먹으러 가까운 식당으로 갔습니다. 식사를 반쯤 했을 무렵 소란이 다시 시작되었습니다. 종업원에게 무슨 일이냐고 물어보았습니다. 그것은 그들이 가장 존경하는 어느 성인의 탄생을 축하하기 위해 열리는 축제의 불꽃놀이라는 것이었습니다. 그날은 바로 그 즐거운 축제날이었습니다. 밤새도록 나는 근거 없는 두려움에 사로잡혀 마음의 평안과 잠을 잃어버렸던 것입니다. 내가 군사적인 충돌로 여겼던 것이 실제로는 축하파티였습니다.

이와 마찬가지로, 너무나 많은 그리스도인들이 그들이 한 번도 겪어 보지 못한 일에 대해 지레 겁을 먹거나 근거 없는 두려움에 사로잡혀서 전도하기 좋은 많은 기회들을 놓치고 맙니다.

12. 어려운 용어를 쓰지 말 것. 종교적인 용어는 불신자들에게는 때로 알아듣기 어렵습니다. 우리는 그들이 쉽게 이해할 수 있는 말을 써야 합니다. 우리의 전도를 듣고 있는 사람은 우리가 무슨 말을 하고 있는지 정확하게 이해할 수 있어야 합니다. 중생

(重生), 구속(救贖), 속죄(贖罪), 보혈(寶血)과 같은 용어들이 신자들에게는 아주 익숙한 말이지만, 불신자들에게는 이해되지 않는 경우가 종종 있습니다. 메시지를 가능한 한 쉽고 분명하게, 그리고 직접적으로 전달하십시오.

나는 콜로라도 주 보울더에서 어느 날 밤에 이와 같은 원리대로 의사가 분명하게 전달되는 것을 본 적이 있습니다. 한 일용잡화 식료품 가게를 털던 강도가 경찰에 붙잡혔습니다. 강도는 차 안에 있었습니다. 세 명의 사복형사는 그 강도에게 매우 분명하게 명령을 했습니다. "꼼짝 마! 손들어! 차에서 내려! 그대로 걸어 나와! 천천히! 무릎 꿇어! 자! 어서! 손들어! 움직이지 마!" 형사 한 사람은 건물 한구석에서 총을 강도에게 겨눈 채 강도의 행동을 감시했습니다.

처음에는 몇몇 젊은 친구들이 쓸데없는 짓들을 하고 있는 줄로 생각했으나, 곧 사태를 분명히 깨닫게 되었습니다. 우리는 재빨리 거기를 빠져 나왔습니다. 강도는 그것이 농담이 아님을 알고 있었습니다. 또 자신이 어떻게 해야 할지도 분명히 알았습니다. 아무도 그 강도에게 형사들의 말을 풀어서 설명해 줄 필요가 없었습니다. 경찰의 말은 아주 명확했습니다. 우리도 간단명료한 말로 준비하고 있는 것이 중요합니다.

최근에 한 젊은이가 내 친구인 수의사 봅 토시그 박사의 사무실에 찾아와서 이런 말을 했습니다. "선생님께서는 종교 문제를 잘 풀어 주신다고 들었는데요. 제게 애완용 뱀이 한 마리 있어요. 비단뱀인데 길이가 2.4m쯤 되죠. 저는 그 뱀을 제 침대에 재우고 있습니다. 그런데 최근에 와서는 저도 놀랄 일이 일어나기 시작했답니다. 매일 그 뱀에게 절하고 싶은 강한 충동을 느끼거든요. 저는 침대 옆에서 무릎을 꿇고 그 뱀의 눈을 응시합니다. 이처럼 저는 어느새 뱀을 숭배하기 시작하게 되어서 큰일 났습니다. 저는 랍비에게도 가보고, 신부와 목사한테도 찾아가 보았는데, 누구 하나 제가 어떻게 해야 할지 속 시원하게 가르쳐 주지 못하더군요. 선생님께서 좀 도와주시겠습니까?"

봅이 말했습니다. "그러죠. 먼저 뱀을 없애 버리세요." 그러고 나서 그에게 복음을 전했습니다. 며칠 뒤 그 젊은이가 돌아왔는데, 그는 뱀을 없애 버렸고, 그리스도를 영접한 후 감사의 선물을 안고 봅을 찾아온 것이었습니다. 그 젊은이가 필요로 한 것은 그가 이해할 수 있는 말로 분명한 지시를 받는 것이었습니다. 일꾼의 직무 중 가장 중요한 것은 복음의 내용을 분명한 말로 전파하는 것입니다.

탐욕과 증오, 사욕, 속임수가 가득 찬 이 지구 상에 복음의 필요성은 많은 면에서 갖가지 양상으로 드러나고 있습니다. 우리는 매일같이 뉴스 매체를 통하여 사람들의 비인간적인 처사에 관한 기사를 접하고 있습니다. 최근에 인도의 콜카타에서 일어난 한 사건은 복음이 세계적으로 얼마나 급박한 필요인가를 단적으로 보여 줍니다. 택시 한 대가 좁은 거리를 질주하고 있었는데, 갑자기 암소 한 마리가 좌측 보도에서 차도로 뛰어들었습니다. 그와 동시에 한 어린 소녀가 우측 보도에서 차도로 뛰어들었습니다. 미처 브레이크를 잡을 여유가 없었기 때문에 운전사는 둘 중 어느 한쪽으로 핸들을 꺾을 수밖에 없었습니다. 그 운전사가 어느 쪽으로 핸들을 꺾었겠습니까? 인도의 종교에 관해 어느 정도 알고 있는 사람이라면 그가 어느 쪽으로 핸들을 돌렸는지 알 것입니다. 그는 암소를 죽일 수는 없었습니다. 그것은 그들에게 하나의 신이었습니다. 다행히 어떤 남자가 순간적으로 그 소녀를 밀어내어 생명을 건졌습니다.

오늘도 수많은 사람들이 거짓 종교와 미신과 공포의 어둠 속에서 살고 있습니다. 추수할 것은 많은데, 일꾼은 적습니다. 추수하는 주인에게 이 넓고 무르익은 들판에서 추수할 일꾼을 보내 주시도록 기도하십시오. 그리고 하박국처럼 간절히 부르짖으십시오. "여호와여, 주는 주의 일을 이 수년 내에 부흥케 하옵소서. 이 수년 내에 나타내시옵소서."

제 4 장

헌신의 원리

    작년에 아내와 나는 선교 관계로 호주를 여행했습니다. 우리의 마지막 일정은 시드니에서 한 시간가량 걸리는 곳에 있는 어느 수양관에서 열린 네비게이토 간사 수양회였습니다. 수양관 옆에는 거대한 면양 목장이 있었습니다.

    하루는 그 지역의 목장 감독 한 사람이 새끼 양들의 출산에 관한 이야기를 우리에게 해주었습니다. 그는 목장을 경영하는 일에 따르는 문제점들을 설명하다가 어떤 끔찍한 이야기를 들려주었습니다. 너무나 끔찍해서 나는 그것을 머리에서 지울 수가 없었습니다. 암양이 산기가 있어 새끼를 낳을 시간이 가까워 오면 큰 까마귀들이 목장 안으로 날아들어 와서 어미 양의 등 위에 앉는다고 합니다. 새끼 양이 어미 뱃속에서 막 나오면 이 까마귀들은 훌쩍 뛰어들어 그 연약하고 아무 힘도 없는 새끼 양의 눈과 혀를 쪼아 먹는다는 것입니다. 참으로 가엾고 불쌍한 일이었습니다.

    나는 이 슬픈 이야기를 듣고 가슴이 섬뜩했습니다. 너무나 충격적이라 견딜 수 없을 정도였습니다. 그토록 힘없이 까마귀의 공격을 받은 어린 양을 생각할 때 몸서리가 쳐졌습니다. 그 까마귀란 놈의 잔인성은 도저히 상상하기조차 어려울 만큼 혹독했습니다. 아무 도움도 받지 못하고 당하기만 해야 하는 어린 양의 모습을 생각하면 너무도 가슴이 아팠습니다.

갓 태어난 양이 당한 곤경을 생각하면서, 나는 그것을 그리스도 안에서 갓 태어난 사람들이 안고 있는 영적 취약성에 적용시켜 보았습니다. 사탄은 실로 잔인하고 무자비합니다. 모든 성도들을 무력하게 만들어 놓기로 단단히 작정하고 있습니다. 사탄은 세계의 필요를 보는 우리의 영적인 '눈'을 앗아 가며 복음을 전하려 하는 우리의 '혀'를 침묵시키기를 획책하고 있습니다. 사탄의 가장 악랄한 공격의 하나는 어린 그리스도인들을 노리는 것입니다. 그는 그들이 열매를 풍성히 맺는, 성숙하고 헌신된 제자들로 성장하고 계발될 수 있는 기회를 없애 버리기 위해 자기가 가진 온갖 권세를 다 동원하여 날뛸 것입니다.

사탄을 대적하여 제자들을 보호하고 영양을 공급하며 돌봄으로써 그들로 하여금 유아기의 위험과 청년기의 유혹을 이겨 나갈 수 있도록 해주는 것은 당신의 의무요 나의 의무이기도 합니다. 우리는 사도 베드로의 경계를 기억해야 합니다. "근신하라. 깨어라. 너희 대적 마귀가 우는 사자같이 두루 다니며 삼킬 자를 찾나니"(베드로전서 5:8). 근신하십시오! 깨어 있으십시오! 사악한 영적 공격에 대비하십시오. 사탄은 단지 우리를 동요시키거나 놀라게만 하려 하지는 않습니다. 그는 우리를 삼키려 하고 있습니다.

극도로 위험한 상황 가운데 처해 있을 때, 우리로서는 도저히 어떻게 해볼 도리조차 없을 때, 마귀는 살그머니 접근해 옵니다. 그러나 우리는 그런 공격에 대항하여 승리할 수 있습니다. 야고보서는 우리의 전략을 매우 명확하게 제시하고 있습니다. "그런즉 너희는 하나님께 순복할지어다. 마귀를 대적하라. 그리하면 너희를 피하리라"(야고보서 4:7). 여기에는 두 가지 요점이 있습니다. 하나님께 순복하십시오. 당신 자신을 하나님의 주재권하에 두고, 그분의 말씀에 순종하며, 그분의 뜻을 행하십시오. 둘째로, 마귀의 공격에 맞서십시오. 그것은 치열한 싸움이 되겠지만 승리는 우리에게 보장되어 있습니다. 마귀는 결국 피하고 말 것입니다.

그러나 갓난아기는 영적 전쟁의 원리와 보장된 승리에 대해 아무것도 모르고 있습니다. 어린 그리스도인들로 하여금 영적으로 성장하고 제자의 길을 따라 걸어가도록 이끌어 주는 일은 바로 당신과 나에게 달려 있습니다. 그들은 영적으로 출생한 순간부터 이미 그 길을 걸어온 우리의 계속적인 도움과 지도를 필요로 하고 있습니다. 그들은 그리스도 안에 뿌리를 깊이 박으며 세움을 입어 믿음에 굳게 서는 것이 필요합니다(골로새서 2:6-7 참조). 다리든 댐이든 건물이든 이런 구조물을 세우는 사람들은 기초를 튼튼하게 하는 것이 얼마나 중요한가를 알고 있습니다. 구조물의 안전성은 기초에 달려 있습니다.

1981년에 나는 릭이라는 청년으로부터 편지를 한 통 받았는데, 그는 내가 강사로서 말씀을 전한 적이 있는 수양회에 참석해서 설교를 들었던 청년이었습니다. 그의 편지에는 주목할 만한 내용이 담겨 있기에 일부를 여기에 소개합니다.

그리스도인인 우리는 그리스도의 증인들입니다. 우리가 자문해 봐야 할 것은 '나는 과연 어떤 종류의 증인이 되기 원하는가?' 하는 점입니다. 만일 무선 송신기에 접지가 잘된 송신 안테나가 없다고 하면 양질의 신호를 보낼 수 없습니다. 전파가 힘이 없어 도중에 사라지고 말 테니까요. 제가 하나님의 말씀인 성경 위에 굳게 서 있지 못하다면 연약한 증인이 될 수밖에 없습니다.

저는 그리스도를 증거하는 그리스도인들을 몇 명 만난 적이 있는데 모두들 무력감에 빠져 있었습니다. 그들이 전하는 말은 모두 힘이 없었습니다. 상대방에게 양질의 신호를 제대로 보내지 못했습니다. 성경에 견고한 기초를 두고 있지 못했기 때문입니다. 그들은 기초가 든든하지 못하기 때문에 그들 나름대로의 개인적인 생각으로 복음을 왜곡시키기까지 했습니다.

세찬 바람에 무너지는 건물을 볼 때면 저는 그 건물의 기초가 튼튼하였는지 의심하지 않을 수 없습니다. 저는 하나님의 말씀의 기초 위에 든든히 서기 위하여 부지런히 말씀을 공부하고 있습니다. 사탄이 제게 최악의 강풍을 보낼 때를 대비하고 싶어서입니다.

이곳 오하이오 지역에는 때로 바람이 매우 세차게 불어옵니다. 저의 남은 생애 동안 제 자신을 확신 있게 드릴 수 있는 기초를 세워주신 하나님께 감사드립니다.

사도 바울은 이 점에 대해 아주 직접적으로 언급하였습니다. "그러므로 너희가 그리스도 예수를 주로 받았으니, 그 안에서 행하되 그 안에 뿌리를 박으며 세움을 입어 교훈을 받은 대로 믿음에 굳게 서서 감사함을 넘치게 하라"(골로새서 2:6-7). 골로새

교인들은 그리스도 예수를 영접하였으며 그분의 주재권에 자신들을 복종시켰습니다. 그러나 바울은 그것으로 만족해하지 않았습니다. 그 이상의 것이 있음을 알고 있었습니다. 그리스도 예수를 주님으로 받았다면 그 다음 할 일은 그리스도 안에서 행하는 것입니다. 그리스도 안에서 사는 것입니다. 그러기 위해서는 먼저 그리스도 안에 깊이 뿌리를 박아야 합니다. 그리고 그리스도의 터 위에 세움을 입어야 합니다. 그리스도를 기초로 하여 삶을 세워 나가야 합니다. 그 다음, 가르침을 받은 대로 믿음에 굳게 서야 합니다. 그 결과 그리스도 안에서 감사가 넘치는 삶을 살아야 합니다. 이처럼 견고한 제자로 성장하고 계발되기 위해서는 먼저 든든한 기초 위에 서야 합니다. 모든 것이 올바른 순서대로 되어야 합니다. 먼저 기초 위에 굳게 서야 하고, 다음은 은혜 안에서 성장해야 합니다.

지난해 여름 나는 말씀을 전하기 위해 남태평양의 통가 섬을 방문했습니다. 그 무렵 태풍이 그 지역을 휩쓸고 지나가 섬은 막대한 피해를 입은 상태였습니다. 많은 건물이 무너졌습니다. 심지어는 돌담들까지도 바람에 날아가 버렸습니다. 우리는 가까운 피지 섬에서 방금 온 터라 두 섬이 참 비교가 되었습니다. 피지에도 같은 태풍이 지나갔지만 그렇게 심각한 피해는 없었습니다. 왜 그랬을까요? 피지에는 건축법이 있었는데 통가에는 없었기 때문입니다. 건축법 없이도 무슨 건물이나 지을 수는 있으나 그것은 오래가지 못합니다. 남태평양은 주기적으로 태풍이 찾아옵니다. 태풍이 불면 건물이 여러 동씩 사라집니다. 이것이 바로 바울이 골로새 교회에 가르치고자 했던 것입니다. 골로새서 2:6-7에서 한 말은 그리스도인의 삶을 어떻게 올바로 시작할 것인가에 대한 지침을 주는 기본적인 건축법입니다. 릭이 편지에 쓴 것처럼 **기초 위에 든든히 서십시오.**

일꾼은 이러한 기초 공사 과정의 열쇠입니다. 그는 추수하는 일에 자신을 헌신해 온 사람입니다. 그는 씨를 뿌리고 열매를 거두어들입니다. 그는 땅 속에 씨를 심을 뿐 아니라, 헛간에 건초를, 곳간에 옥수수를, 창고에는 밀을 저장합니다. 그는 또 거둬들인 농작물에 대한 책임도 있습니다. 일꾼은 그리스도 안의 '갓난아기'에 대해 자신을 영적인 부모로 여깁니다. 그는 네 가지 주요 영역에서 새 신자를 도울 책임을 느낍니다.

첫 번째 영역은 초신자로 하여금 하나님과의 교제에 견고히 서도록 도와주어야 합니다. 이를 위해서는 먼저 하나님의 백성들 즉 다른 그리스도인들과의 교제에 참여하는 것이 필요합니다. 새로운 그리스도인은 그리스도인들의 교제 안에서 자기가 환영받는다는 느낌과 편안한 마음을 가질 수 있어야 합니다. 그는 하나님의 말씀을 듣고 그리스도 안의 형제 자매들을 알아 가면서 점차 새 생활에 적응해 갈 것입니다.

돌이켜 보면 나의 경우에도 성장한 그리스도인들을 알게 되고 그들의 가정에 초대받아 갔던 것이 얼마나 큰 도움이 되었는지 모릅니다. 나는 그들이 자녀들과 친구들과 이웃 사람들, 그리고 동료 그리스도인들과 어떻게 좋은 관계를 이루는가를 지켜보았습니다. 그것을 보면서 새로운 시야를 가지게 되었습니다. 모든 것이 내가 그때까지 익숙해져 있던 일들과는 전혀 딴판이었습니다. 나는 그러한 사랑과 보살핌 속에서 하나님의 나라로 안내되었습니다. 그러나 초기에 이처럼 적절한 안내가 없다면, 사람은 누구나 쉽게 혼동되고 불안해할 수도 있습니다.

1983년에 암스테르담에서 열린 국제 순회전도자 대회에서도 강사들에게 전체 모임과 분반 토의가 개최되는 집회 장소를 알려 주는 사전 안내 시간이 있었습니다. 나는 사정이 있어 안내 시간에 불참했기 때문에, 처음에는 여러 그룹 중에 어느 그룹으로 가야 할지 몰라서 애를 먹었습니다. 그러나 시간이 감에 따라 조금씩 흐름을 파악할 수 있게 되었습니다. 이와 마찬가지로 새 신자가 새롭게 시작한 신앙생활의 전체 모습을 파악하는 가장 좋은 방법 하나는 믿음의 식구들과 함께하면서 그들을 통하여 조금씩 배워 나가는 것입니다.

새 신자는 그리스도인의 교제에 함께함으로써 많은 유익을 얻을 뿐 아니라, 하나님과의 교제를 견고히 하기 위해 몇 가지 기본적인 일을 해야 합니다. 성경 읽기는 반드시 해야 할 일이요, 성경공부와 성경 암송도 마찬가지입니다. 매일 아침 기도 가운데 주님을 만나는 것을 배우는 일도 필수적입니다. 이러한 기본적인 요소들이 확립되기까지는 시간이 걸립니다. 이 과정에 사탄의 방해와 훼방도 있습니다. 따라서 일꾼은 큰 인내와 용납 및 사랑을 발휘해야 합니다.

나는 지금도 한 젊은이를 기억하고 있습니다. 그는 이러한 믿음의 기초 면에서 내게 많은 도움을 받았습니다. 그는 처음에는 대단한 관심을 보였습니다. 그런데 얼마 가지 않아 관심이 식기 시작했습니다. 얼마간 살펴본 후에, 나는 그 이유를 찾아냈습니다. 한 여자 친구를 사귀고 있었는데, 그녀는 주님과 어떤 방식으로든 정기적인 교제를 갖는 일에 별 관심이 없었습니다. 그들은 정기적으로 데이트를 하면서 나가서 밤늦게까지 밖에서 보냈습니다. 그 청년의 아침 기도와 성경 읽기는 중단되었습니다. 그는 너무나 피곤했습니다. 그의 성경공부와 성경 암송은 흐지부지 되어 버렸습니다. 왜 그랬습니까? 그의 마음이 다른 것들에 가 있었기 때문입니다. 그러나 그런 가운데서도 그와 나는 변함없는 친분을 유지해 나갔습니다. 나는 그를 위해 계속 간절히 기도했습니다.

하루는 그가 내게 오더니 아무래도 자기가 잘못된 길로 가고 있는 것 같다고 했습니다. 그는 여자 친구가 자기 시간을 너무 많이 뺏는 것 같아서 아마도 그녀와의 교제를 냉정하게 해야 하겠다고 생각했던 모양이었습니다. 그러나 감정적으로는 여전히 어려운 상태였습니다. 그는 그녀와 함께 있는 것을 무척 좋아했습니다.

그러나 얼마 가지 않아 그녀가 딴 남자에게 관심을 갖게 되면서 문제는 해결되었습니다. 뒤로 잡아끌거나 옆길로 빠지게 하는 유혹들은 제자삼는 일을 하다 보면 늘 따라다니기 마련입니다. 그래서 사랑과 이해, 용납, 인내 또한 늘 갖추고 있어야 할 부분인 것입니다.

둘째로, 새로운 그리스도인은 하나님에 대한 깊고 견고한 믿음을 키우기 위해 지속적인 도움을 필요로 합니다. 그런 도움이 있을 때 비로소 그는 안정된 심령과 평안한 마음으로 생을 영위해 나갈 수 있게 될 것입니다. 하나님께서는 모든 것을 다스리시는 분이시며 신뢰할 만한 분이시라는 사실을 깨닫게 되기만 하면, 하나님의 평강이 그리스도 예수 안에서 그의 마음과 생각을 지켜 줄 것입니다(빌립보서 4:6-7 참조).

어느 해 여름의 일입니다. 나는 자바의 북부 도시 세마랑에 체류하는 동안 한 광경을 보았는데, 그 광경은 이 믿음에 관한 진리를 강렬하게 느끼도록 해주었습니다. 그곳의 거리는 마치 교통지옥과 같았습니다. 거대한 트럭들이 거리를 마음대로 누비고 있었고, 자동차들은 무슨 자동차 경주에 출전한 것처럼 있는 속도를 다 내어 달리고 있었으며, 오토바이들은 생사에는 전혀 관심도 없는 듯한 무모한 젊은이들을 싣고 정신없이 달리고 있었습니다. 아찔아찔한 광경이었습니다!

그러나 그중에서도 제일 인상 깊었던 것은, 내가 보기에는 바퀴가 둘 달린 살인 기계와도 같은 오토바이 뒷자리에 아무렇지도 않은 듯이 앉아서 가는 여자들의 모습이었습니다. 이 젊은 여자들은 아무렇지도 않은 듯이 태연히 앉아 가는 것이었습니다. 심지어 어떤 여자들은 그 와중에서도 책을 읽고 있었고, 또 어떤 여자들은 손톱을 매만지고 있었습니다. 나는 깜짝 놀랐습니다. 그러나 그들이 그처럼 평안하게 타고 갈 수 있었던 것은 운전을 하고 있는 사람들에 대한 절대적인 믿음 때문이었습니다. 그들은 각기 자기들을 태우고 달리는 젊은이들을 잘 알고 있었으며, 저들이 목적지까지 잘 데려다 줄 것이라고 굳게 믿고 있었습니다. 일꾼은 새 신자들이 하나님께 이와 같은 믿음을 갖게 되도록 최선을 다해 도와주어야 합니다.

새 신자들에게 계발시켜 주어야 할 세 번째 주요한 영역은 생명의 주님이신 예수 그리스도께 대한 무조건적인 굴복과 그분의 뜻을 행하고자 하는 헌신입니다. 일꾼은 믿음의 새싹들에게 이러한 헌신의 깊은 수준을 전달해 주어야 합니다. 이 개념은 마가복음 8:34-37에 잘 나타나 있습니다.

> **무리와 제자들을 불러 이르시되, "아무든지 나를 따라오려거든 자기를 부인하고 자기 십자가를 지고 나를 좇을 것이니라. 누구든지 제 목숨을 구원코자 하면 잃을 것이요, 누구든지 나와 복음을 위하여 제 목숨을 잃으면 구원하리라. 사람이 만일 온 천하를 얻고도 제 목숨을 잃으면 무엇이 유익하리요? 사람이 무엇을 주고 제 목숨을 바꾸겠느냐?"**

이것은 예수님께서 모든 사람이 다 듣게 되기를 원하셨던 메시지입니다. 주님께서는 제자들 및 자기를 따라오는 사람들을 부르셨습니다. 그리고 자기를 따르는 데 관심을 둔 모든 사람에게 세 가지 기본적인 헌신의 원리를 말씀하셨습니다.

자기를 부인할 것. 부인한다는 것은 사귀지 않는 것, 관계를 맺지 않는 것을 말합니다. 예수님께서는 우리가 우리의 타락한 본성과 관계를 맺지 말 것을 요구하십니다. 예수님께 "예!"라고 하는 것은 곧 자기 자신에게 "아니요!"라고 하는 것을 의미합니다. 만일 당신이 장터에 가서 안면이 전혀 없는 낯선 사람에게 다가가서, "자, 이제부터 나는 당신과 절교요. 당신과는 상대도 않겠소!"라고 말한다면, 그 사람은 "무슨 소릴 하는 거요! 당신과 내가 무슨 관계가 있단 말이요? 당신이 그렇게 하든 말든 난 아무 상관도 없소"라고 말할 것입니다. 그러나 그런 말을 가까운 친구에게 한다고 하면 그것은 중대한 의미를 띨 것입니다. 예수님의 가르침 이면에는 바로 이런 의미가 숨어 있습니다. 우리는 자기 자신, 곧 과거에 우리에게 그토록 많은 의미를 준 '옛 사람'을 물리쳐야 합니다. 우리는 자기 유익과 자기만족, 자기 탐닉, 자기 영광을 구하는 삶을 포기해야 합니다. 바울은 그것을 가리켜 이렇게 말했습니다. "그리스도의 사랑이 우리를 강권하시는도다. 우리가 생각건대 한 사람이 모든 사람을 대신하여 죽었은즉 모든 사람이 죽은 것이라. 저가 모든 사람을 대신하여 죽으심은 산 자들로 하여금 다시는 저희 자신을 위하여 살지 않고, 오직 저희를 대신하여 죽었다가 다시 사신 자를 위하여 살게 하려 함이니라"(고린도후서 5:14-15).

자기 십자가를 질 것. 사람이 어떤 것을 지고 가는가를 보면, 그가 무엇을 하러 가고 있는가를 알 수 있는 경우가 많습니다. 예를 들어, 이웃 사람들이 낚싯대나 그물을 들고 집을 나선다면 그들은 고기를 잡으러 간다는 것을 알 수 있습니다. 또 등산복을 입고 배낭을 메고 나선다면 곧 등산을 간다는 것을 알 수 있습니다. 신약시대에는 누가 십자가를 지고 간다고 할 때, 사람들은 곧 그가 사형을 당하러 가는 것으로 알았습니다. 십자가를 진다는 것은 기꺼이 고난받고자 하는 태도를 의미합니다. 예수님께서는 친히 우리를 위해 고난을 받으셨습니다. 사도 바울은 이렇게 말했습니다. "그러나 내게는 우리 주 예수 그리스도의 십자가 외에 결코 자랑할 것이 없으니, 그리스도로 말미암아 세상이 나를 대하여 십자가에 못 박히고, 내가 또한 세상을 대하여 그러하니라"(갈라디아서 6:14).

예수님을 좇을 것. 이것은 우리의 매일의 행함, 즉 '새 생명 가운데서 행하는 것'(로마서 6:4)과 관계가 있습니다. 이 길을 가기로 작정한 사람이 해야 할 일이 몇 가지 있습니다.

(1) 이 길을 가는 방법을 정할 것. 이 여행을 위해서는 오직 한 가지 방법이 있습니다. 곧 '믿음'으로 가는 것이 그것입니다.

(2) 노선을 정할 것. 그리스도가 곧 길이십니다. "그러므로 너희가 그리스도 예수를 주(主)로 받았으니, 그 안에서 행하되"(골로새서 2:6).

(3) 무엇을 가지고 갈지 정할 것. 이 여행을 위해서는 오직 십자가를 지고 갈 수 있을 뿐입니다.

(4) 자기 자신을 포기할 것. 당신 자신을 위해서가 아니라 주님을 위해 살 것을 결심하십시오. 자아는 틀림없이 슬피 울며 애원할 것입니다. 그러나 이 여행은 영원히 지속되는 것이며, 운전석은 단 하나뿐입니다. 유일한 운전자이신 예수님께서 앉으실 자리입니다.

지금까지 우리는 막 자라나는 제자가 계발해야 할 영적 생활의 세 가지 기본 영역들을 살펴보았습니다. 즉 하나님과의 교제, 하나님께 대한 믿음, 그리고 하나님께 대한 굴복이 그것입니다. 이제 네 번째 영역은 하나님을 위한 섬김입니다. 제자가 성장하여 성숙한 단계에 이르면, 일꾼은 제자의 마음속에 섬김의 씨앗을 심고, 그로 하여금 눈을 들어 추수 터와 여러 필요를 보도록 도와주어야 합니다. 또한 그가 일하고 생활하고 운동하는 어느 곳에서든지 증거의 기회를 볼 수 있도록 서서히 도와주어야 합니다. 자기의 친구들을 그리스도께 인도하고자 하는 열망이 제자에게 일어나기 시작한다고 해봅시다. 하지만 그는 무엇을 어떻게 해야 할지 명확하지 않고 모호할 것입니다. 이때 일꾼은 그 새 제자에게 몇 가지 질문을 던져 모호한 상태에서 벗어나 기본적인 이슈들을 명확히 하도록 도와주어야 합니다. 예를 들면 이렇습니다. "당신은 효과적인 증인이 되고, 다른 그리스도인들의 성장을 돕는 사람이 되기 위해 어떤 훈련을 필요로 합니까?" "당신은 이 훈련을 받기 위해 어떤 대가라도 기꺼이 치를 결심이 되어 있습니까?"

일꾼은 먼저 제자가 헌신의 결단을 하도록 도와주어야 합니다. 그러고 난 후 비로소 본격적으로 일을 진행해야 합니다. 복음을 담고 있는 핵심 구절들을 암송하도록 도우십시오. 구원받지 못한 친구들의 목록을 기도 노트에 적어서 그들을 위해 기도하게 하십시오. 구원받지 못한 그의 친구 중 한 명을 점심 식사에 초대하여 함께 식사를 하면서 전도할 수도 있습니다. 기회를 봐서 그에게 간증을 하게 하는 것도 좋습니다. 제자가 전도의 참맛을 알게 되면, 성령께서 그런 기회들을 사용하여 일생동안 지속될 습관들을 계발시켜 주실 것입니다.

일꾼이 하는 일은 무엇입니까? 바울은 그것을 간단명료하게 말했습니다. "우리가 그[그리스도]를 전파하여 각 사람을 권하고, 모든 지혜로 각 사람을 가르침은, 각 사람을 그리스도 안에서 완전한 자로 세우려 함이니, 이를 위하여 나도 내 속에서 능력으로 역사하시는 이의 역사를 따라 힘을 다하여 수고하노라"(골로새서 1:28-29). 각 사람을 권하는 것, 이것은 전도 과정입니다. 그러나 거기서 끝나지 않습니다. 사람들이 복음의 부름에 응답할 때, 새로운 과정이 시작됩니다. 즉 모든 지혜로 각 사람을 가르쳐야 합니다. 각 사람을 '그리스도 안에서 완전한 자' 곧 성숙한 그리스도인으로 세워 주기 위함입니다. 수고가 따르는 고된 일이라고요? 그렇습니다! 그러나 추수하는 일꾼이 되는 것보다 더 큰 보상이 따르는 일은 아무것도 없습니다. 그래서 바울은 이렇게 말했습니다. "이를 위하여 나도 내 속에서 능력으로 역사하시는 이의 역사를 따라 힘을 다하여 수고하노라"(골로새서 1:29).

제 5 장

기도: 살아 있는 기적

나는 아버지의 목공용 공구 통을 들여다볼 때마다 늘 감탄해 마지않았습니다. 아버지는 목공일을 아주 잘하는 분이었습니다. 공구들은 언제나 공구상자 안에 깔끔하게 정돈되어 있었는데, 다 최고급 공구들이었습니다. 그 공구 중 어느 것 하나라도 잘못 다루거나, 하나라도 잃어버리거나, 그것들을 원래의 용도와 다르게 사용한 사람에게는 불호령이 떨어졌습니다. 아버지는 그 공구들을 애지중지하였고 잘 관리되고 있는지 계속 확인하였습니다.

영적으로 자질을 갖춘 일꾼에게도 잃어버린 자들을 얻고 초신자의 성장을 도와 견고히 세워 주는 데 필요한 특정 도구 또는 자원이 있습니다. 이제 그 뚜껑을 열고 도구 상자를 살펴보기로 하겠습니다. 네비게이토 선교회의 창시자인 도슨 트로트맨은 다른 사람들을 돕는 데 필요한 일곱 가지 기본 도구가 있다고 말하곤 했습니다.

제자삼는 사역에 있어서 가장 특별한 도구의 하나는 기도입니다. 도슨은 기도 그 자체가 목적이 될 수는 없다고 생각했습니다.

기도는 또한 황홀경으로 이끌어 주는 자기만족의 수단이 될 수도 없습니다. 도슨은 현실 세계와 이 세계의 참필요를 떠나 어떤 신비로운 해방감 속으로 들어가 보고자 하는 열망 같은 것은 전혀 없었습니다. 진정한 기도의 용사였던 도슨은 우리에게 다음과 같이 말하곤 했습니다. "다른 사람들을 돕는 일을 기도로 시작한다면 그것은 곧 하나님으로 더불어 시작하는 것이요, 하나님으로 더불어 시작한다면 곧 출발을 바르게 한 것입니다."

무엇보다도 먼저, 기도를 통하여 하나님께서는 우리의 영적 성장에 방해되는 것과 우리로 유용하게 쓰임받지 못하게 하는 것이 무엇인지를 드러내 주십니다. 우리는 종종 이러한 거침돌을 보지 못하고 지나칠 때가 많습니다. 우리는 형제의 눈 속에 있는 티는 밝히 보면서도 자신의 눈 속에 들어 있는 들보는 제대로 보지 못하곤 합니다(누가복음 6:41-42). 나에게는 다윗의 기도가 도전적이요 정곡을 찔러 주는 기도입니다. "하나님이여, 나를 살피사 내 마음을 아시며, 나를 시험하사 내 뜻을 아옵소서. 내게 무슨 악한 행위가 있나 보시고 나를 영원한 길로 인도하소서"(시편 139:23-24). 일꾼은 지속적으로 성장해 나가야 합니다. 그러나 우리의 삶에 하나님을 기쁘시게 하지 못하는 부분이 있다면, 우리의 성장은 저지되고 맙니다.

둘째로, 기도를 하면 하나님께서는 불신자의 신뢰와 우정을 얻을 수 있도록 도와주십니다. 1957년에 네브래스카 주 오마하에 있을 때의 일입니다. 우리는 매주 각 집을 방문하여 전도를 하고 다녔습니다. 어느 날 오후에는 성격이 매우 거칠고 까다로운 한 사업가의 집을 방문했습니다. 이전에 그 사람을 만난 적이 있었던 사람이 우리가 아마 곤란을 겪게 될지도 모르겠다고 미리 일러 주었습니다.

그런데 그 사업가는 문 앞에까지 나와 우리를 맞이해 주었습니다. 우리는 함께 커피를 마시면서 이야기를 나누었습니다. 그가 어떤 질문을 하기에, 나는 전에 읽었던 책을 참고로 이야기해 주면서, 그 책이 내게 무척 큰 의미를 주었다는 것과 내가 그 저자를 크게 존경하고 있다고 말했습니다. 이 냉정한 사업가는 놀란 눈치였습니다. 그는 나를 자기 서재로 데리고 가더니 바로 그 책을 보여 주는 것이었습니다. 그는 그 책이 자기에게도 상당한 도움을 주었노라고 하면서, '종교적인 일'에 바쁜 나와 같은 사람이 그런 것들을 알고 있다는 것에 대해 솔직히 놀랐다고 했습니다.

이 대화 이후로, 그와 나는 절친한 친구가 되었으며, 수십 년이 넘은 이때까지도 그 가족과 이따금 만나고 있습니다. 그러나 무엇보다도 감사한 일은 그와 대부분의 식구가 주님을 알게 되었다는 사실입니다. 일꾼은 "전도인의 일을 하라"(디모데후서 4:5)는 바울의 권면을 부지런히 따라야 합니다.

이 이야기 속에는 흥미 있는 일면이 있습니다. 우리가 그 집의 초인종을 누르기 전에 나는 짧지만 간절히 기도를 했었습니다. 기도 내용은, 하나님께서 우리의 대화 가운데 역사하셔서 그 사람의 신뢰를 얻게 해주시고 우리 사이에 우정이 싹트게 해주셔서 그를 주님께로 이끌 수 있도록 해달라는 것이었습니다. 과연 하나님께서는 내 기도를 들어주셨습니다.

세 번째로, 기도는 당신으로 하여금 초신자의 진정한 필요를 발견하도록 도와줄 뿐 아니라 그 필요를 채워 주기 위해 당신이 할 수 있는 일이 무엇인지를 알게 해줍니다. 그를 위해 간절히 기도하십시오. 주님께 분별력을 구하십시오. 그와 함께 기도하십시오. 그는 주님께 자기 마음을 털어놓는 시간이 자주 있게 될 것입니다. 함께 기도하는 시간을 통해서 당신은 그가 무엇과 씨름하며 싸우고 있는지, 그의 관심이 무엇인지, 그리고 그가 주님과 동행하는 삶에서 부딪히고 있는 문제가 무엇인지를 알게 될 것입니다. 당신은 그의 가려운 곳을 긁어 줄 수 있게 됩니다.

우리는 함께함으로써 가장 잘 배우게 됩니다. 이것은 도제 제도의 기초이기도 합니다. 이 제도를 통해 오늘날 많은 기술자들이 놀라운 기술들을 배우고 있습니다. 주님의 존전에서 기도하는 시간을 보내면 보낼수록 우리는 더욱더 주님을 닮아 가게 됩니다. 바울은 그것을 이렇게 표현했습니다. "우리가 다 수건을 벗은 얼굴로 거울을 보는 것같이 주의 영광을 보매, 저와 같은 형상으로 화하여 영광으로 영광에 이르니, 곧 주의 영으로 말미암음이니라"(고린도후서 3:18).

이 얼마나 놀라운 진리입니까? 비결은 다름 아닌 **그리스도** 안에 거하는 것입니다.

그러므로 기도해야 할 네 번째 이유는 주님과의 교제를 통하여 더욱더 그리스도를 닮아 가기 위한 것입니다. 일꾼이 계발해야 할 가장 중요한 자질 가운데 하나는 그리스도께서 그러셨던 것처럼 '보통 사람들'과의 '일상적 만남'을 발전시키는 것입니다. 그들과 친밀한 신뢰 관계를 형성하는 것입니다. 이 광활한 추수 터인 세상에서 효과적인 일꾼이 되기 위해서는 보통 사람들과의 일상적인 만남을 갖는 것이 필요합니다. 주님께서는 보통 사람들에게 나아가 그들과 만나 대화도 하고 식사도 하셨습니다. 그들은 주님의 말씀을 즐겁게 들었으며 주님과 함께하기를 기뻐하였습니다. 주님의 말씀은 권위가 있었습니다. 주님과 함께할 때 사람들은 변화되었습니다.

일꾼은 평범한 사람들에게 영적 진리를 쉽고 명확하게 전달할 수 있는 능력을 갖춰야 합니다. 한 가지 방법은 일상생활의 예들을 사용하여 성경의 진리들을 전달하는 것입니다. 예수님께서 그러셨습니다. 예수님께서는 비유의 대가이셨는데, 대부분의 비유를 일상생활에서 가져오셨습니다. 그래서 누구나 쉽게 이해하였습니다. 우리는 하나님의 말씀을 전달할 때 초등학생 정도의 수준이면 누구나 이해할 수 있는 그런 방법으로 해야 합니다.

평범한 보통 사람들에게 영적 진리를 능력 있게 전달해 줄 수 없다면 그들에게 그리스도를 효과적으로 심어 줄 수도 없을 것입니다. 예수님께서는 분명하고 효과적으로 말씀을 전하셨습니다. 그 결과 사람들이 주님의 말씀을 즐겁게 들었습니다. "백성이 즐겁게 듣더라"(마가복음 12:37). 백성이 누구입니까? 바로 평범한 보통 사람들입니다.

케네스 라투렛은 기독교가 성공적으로 전파된 한 가지 이유는, 사역이 평범한 보통 사람들에게 집중되어서, 이들이 또 다른 사람들에게 복음을 퍼뜨리는 주요 수단이 된 것이라고 결론지었습니다.

기독교를 확장하는 일에 주 역할을 한 사람들은 선교 사역만을 전적으로 담당한 전임 사역자들도 아니었고, 직업적으로 그 일과 연관된 일을 주로 하는 사람들도 아니었다. 복음 전파의 주역들은 평범한 일반 직업인으로 생활비를 벌어 가면서 자연스럽게 만나는 사람들에게 믿음을 증거한 보통 사람들이었다. 그들 중에는 광부도 있었고, 피혁공도 있었고, 직조공도 있었으며, 대부분 '배운 게 없는' 사람들이었다.

지속적으로 그리스도와의 친밀한 교제를 통하여 그리스도 안에 거하는 삶을 사십시오. 주님께서 당신을 통하여 그분의 삶을 사시게 해드리십시오. 주님께서는 오늘도 여전히 평범한 보통 사람들과 함께하시며 그들을 변화시켜 주시고 능력의 말씀을 주기를 원하십니다. 이것이 '타문화권 선교'의 주된 관건입니다.

최초로 타문화권에서 선교 사역을 하신 분은 바로 예수님이십니다. 그분은 정결하고 거룩한 하늘나라의 집을 떠나 이 오염되고, 죄 많고, 더러운 세상에 오셔서 우리 같은 비천한 사람들 사이에서 함께 사셨습니다. 그분은 우리와 대화를 나누셨습니까? 그렇습니다. 그분은 마음을 통하셨습니까? 그렇습니다. 그분은 사람들과 가까이 지내셨습니까? 그렇습니다. 주님의 생애와 사역을 돌아볼 때, 타문화권 선교사로 부름을 받은 일꾼들이 할 수 있는 가장 중요한 것은 지금도 여전히 주님께서 그 일을 하시게 해드리는 것입니다. 이것이 어느 모로 보나 이치에 맞는 것입니다. 주님 안에 거하십시오. 기도하는 데 많은 시간을 들이십시오. 성령 충만하여 성령의 능력으로 주님을 섬기십시오. 성령께서 당신을 통로로 사용하실 수 있게 해드리십시오. 그리스도께서 당신을 통해 오늘도 그분의 사역을 계속하실 수 있도록 말입니다.

이것은 타문화권에서 일하는 일꾼들이 선교지의 상황, 이를테면 정치나 사회, 문화와 관습, 역사, 혹은 언어 등을 이해하기 위해 노력해서는 안 된다는 말입니까? 그런 말은 아닙니다. 그것은 단지 우선순위와 믿음의 문제일 뿐입니다. 그들이 이러한 노력을 할 때조차도 그런 활동들 자체만을 의지해서는 안 될 것입니다. 우리는 주님만 의지해야 합니다. 주님께서는 우리의 믿음과 삶과 사역을 주관하시는 분이십니다. 주님 안에 거하는 삶을 살 때 지속적으로 열매를 맺습니다. 예수님께서는 말씀하셨습니다. "나는 포도나무요 너희는 가지니, 저가 내 안에 내가 저 안에 있으면 이 사람은 과실을 많이 맺나니, 나를 떠나서는 너희가 아무것도 할 수 없음이라"(요한복음 15:5). 바로 이것이 그리스도처럼 우리가 평범한 보통 사람들을 만나서 효과적인 사역을 이루는 비결입니다.

그리스도와 더불어 시간을 보낼 때 일꾼은 늘 목표를 향하게 됩니다. 목표를 선명히 유지하게 됩니다. 이것은 기도하는 일꾼에게 있는 다섯 번째 유익입니다.

필립스 브룩스는 우선순위를 바르게 지키고 목표를 굳게 지키는 문제에 대해 다음과 같이 말했습니다. "주변적인 것들에 빠지지 않도록 조심하십시오. 사역을 할 때는 주변이 아니라 바로 중심에 있어야 합니다. 주변적인 것들은 중심이 이동하면 반드시 따라서 이동하게 마련입니다." 훌륭한 조언입니다. 주변적인 일들이 흥미로울 수도 있습니다. 하지만 거기에 빠지게 되면, 점점 중심에서 멀어지게 되고, 마침내는 본말이 전도되어 자칫 본래의 우선순위와 목표에서 벗어날 수도 있습니다. 이처럼 중심에서 멀리 떨어진, 그런 아슬아슬한 경계 지점에서 살거나 사역을 해서는 안 됩니다.

얼마 전 한 그리스도인과 대화를 나눈 적이 있습니다. 그는 지방 라디오 방송국이 특정한 음악을 방송하지 못하도록 저지하는 일에 사로잡혀 있었습니다. 들어 보니 일리가 있었습니다. 나도 그런 음악을 좋아하지 않습니다. 그러나 문제는 그 일로 인하여 그 사람이 영혼을 얻는 일에 관심을 잃게 된 점이었습니다.

요전에는 어떤 기독교 지도자와 이야기를 나눈 적이 있습니다. 이 사람은 세상 사람들과 어울려 살려면 그리스도인들도 술을 마실 줄 알아야 한다는 생각을 퍼뜨리는 캠페인을 벌이고 있었습니다. 그는 그 일에 깊이 빠져 있었습니다. 그의 삶과 사역의 강조점은 변질되어 버렸습니다. 그는 매우 불안정한 상태로 주님의 부르심에 겨우 붙어 있었으며, 자칫하면 본래의 목표에서 벗어날지도 모를 아슬아슬한 지점으로 나아가고 있었습니다.

한 목사는 최근에 교인 가운데 한 사람이 주일학교를 짓밟아 버릴 심산이 있는 것 같다고 말하는 것이었습니다. 그 사람은 주일학교가 있어 봐야 아무 소용이 없다고 믿고 그것을 없애는 일을 일생일대의 사명으로 삼고 있었습니다. 그는 중심에서 한참 벗어나 있습니다. 그는 그의 시간과 정력을 잘못된 길에 쏟아서 잘못된 방향으로 나아가고 있습니다.

며칠 전에는 교회가 정치적 망명자들을 돕는 데 더욱 많은 기여를 해야 한다고 믿는 젊은이와 이야기를 나누었습니다. 그는 정부로부터 탄압을 당하고 있는 모든 사람들의 어려움에 대해 말했습니다. 교회가 어려운 처지에 있는 이 사람들을 돕는 일에 적극적으로 참여해야 한다는 것이었습니다. 게다가, 그는 그것이 교회의 주된 직무가 되어야 한다고까지 주장했습니다. 교회의 자원과 시간의 대부분을 바로 이 엉클어진 문제를 해결하는 데 투자해야 한다는 것이었습니다.

나는 그런 얘기를 들으면서, 그 청년의 초점이 중심에서 벗어나 있음을 확인하였습니다. 교회의 주된 직무는 주님께서 주신 지상사명의 성취에 있습니다. 이것을 위하여 우리는 잃어버린 자를 주님께로 인도하고, 구원받은 자를 주님 안에서 세워 주는 것입니다. 다른 많은 일거리들이 그 나름대로는 의미가 있고 좋은 것일 수 있겠지만, 그런 것들이 결코 주된 초점이 될 수는 없는 것입니다. 나는 그 청년에게 예수님께서 사회 혁명이나 사회 구조의 변혁을 위하여 일하신 것이 아니라, 개개인들을 구원하는 일에 전념하셨다는 사실을 상기시켜 주었습니다. 예수님께서는 자신에 관하여 이렇게 말씀하셨습니다. "인자의 온 것은 잃어버린 자를 찾아 구원하려 함이니라"(누가복음 19:10).

만일 우리가 중심에 속한 삶을 살고자 한다면, 예수님과의 교제에 시간을 투자함으로써 예수님으로부터 배워야 합니다. 주님으로부터 배우는 것보다 더 나은 것은 없습니다. 예수님 자신이 날마다 아버지와의 교제를 하셨고, 이를 통해 평생 아버지를 기쁘시게 하는 일을 하셨습니다. 사도 바울도 여기에 생의 초점을 맞추고 달음질을 하였습니다. 바울이 교리를 확립하는 데 큰 영향을 주었고 많은 서신서를 써서 기독교 문학에 지대한 기여를 했다고 하더라도, 그는 신학자요 저술가이기 전에 무엇보다도 먼저 추수하는 일꾼이었습니다.

도슨 트로트맨은 영적으로 한창 성장하고 있던 우리 일꾼들 앞에서 많은 시간을 할애해 가며, 기도하라고 도전하곤 하였습니다. 어느 날 그는 우리에게 다음과 같이 말했습니다. "여러분은 기도할 때, 믿을 수 없는 것을 믿으십시오. 불가능해 보이나 하나님께서 이루어 주시기 원하는 것들의 목록을 만들어 보십시오." 나는 나의 목록의 맨 앞에 '그리스도를 위해 훌륭한 증인이 됨'이라고 적었습니다. 나는 개인 기도 목록의 맨 위에다 두 구절의 말씀을 적어 두고 그것을 위해 매일 기도하였습니다.

하나는 잠언 18:24 말씀이었습니다. "많은 친구를 얻는 자는 해를 당하게 되거니와 어떤 친구는 형제보다 친밀하니라." 당시 나는 시어스로벅 백화점에서 트럭에 짐을 싣는 일을 하고 있었습니다. 내가 함께 일하던 친구들은 그리스도인이 전하는 말에는 전혀 관심이 없었습니다. 나는 그들을 얻고자 하면 먼저 그들과 친구가 되어야 한다는 것을 알았습니다. 그런 연후에 그들과 말문을 틀 수 있었고, 차분하게 개인적으로 그들에게 그리스도를 전할 수 있었습니다.

다른 한 구절은 잠언 17:22 말씀이었습니다. "마음의 즐거움은 양약이라도 심령의 근심은 뼈로 마르게 하느니라." 나는 일을 할 때 친근한 태도와 유쾌한 마음을 유지할 수 있도록 기도하였습니다. 그래야 직장 사람들에게 접근할 수 있는 다리를 놓을 수 있게 되어 복음을 효과적으로 전할 수 있다는 사실을 알았습니다. 그때만 해도 나는 내가 그렇게 할 수 있다고는 생각하지 못했습니다. 그러나 하나님께서는 그렇게 되도록 해주셨습니다. 나는 이 친구들과 가까워져서 그들에게 복음을 전했습니다. 그러자 뜻밖의 일이 일어났습니다! 그들 가운데 몇 명이 그리스도께로 나아왔던 것입니다. 그리고 한 친구의 아내가 그리스도께로 나아왔습니다.

처음으로 이러한 경험을 해본 나는, 더 크고 더 놀라운 성과들을 위해 기도하고자 하는 동기를 얻었습니다. 나는 곧 기도의 특권과 능력을 배우게 되었습니다. 도슨은 우리에게 서로를 위해 기도해 주도록 격려하였습니다. 언젠가는 이런 말도 했습니다. "그 앞에서 칭찬해 주는 사람은 많은데, 그를 위해 기도해 주는 사람은 별로 없는 사람은 불쌍한 사람입니다."

언젠가 우리 부부는 남태평양의 통가 섬에 사는 마일라위 부부를 방문할 기회가 있었습니다. 이들은 둘 다 뉴질랜드에 유학 가서 대학교에 다닐 때 그리스도를 만났습니다. 오늘날 이들은 360개에 달하는 섬들로 이루어진 통가 제도의 수도이자 그들의 고향이기도 한 누쿠알로파에 돌아와서 열매가 풍성한 일꾼의 삶을 살아가고 있습니다.

어느 날 그들은 우리에게 그 섬을 관광시켜 주었습니다. 마나모위 경마장을 지나갈 때 그들은 '마나모위'라는 이름이 '살아 있는 기적'이라는 뜻이라고 설명해 주었습니다. 나는 우리가 지나온 경마장 트랙을 쳐다보면서 생각했습니다. '아니지. 이 경마장이 살아 있는 기적이 아니라 **기도**가 살아 있는 기적이야.' 기도를 통하여 우리는 살아 계신 하나님의 마음과 손길을 이 세상으로 이끌어 들일 수 있습니다. 기도를 통해 잃어버린 자들을 돌아오게 합니다. 기도를 통해 그리스도 안에서 새로 태어난 사람들로 믿음의 순례 길을 따라 걷게 해주고, 주님과 동행하는 삶을 살도록 이끌어 줍니다. 기도를 통해 우리의 개인적인 문제와 염려들을 하나님께 아뢰고, 매일매일의 생활과 일상적인 업무에 필요한 빛을 얻고 힘을 공급받을 수 있습니다. 기도는 실로 살아 있는 기적입니다!

제 6 장
능력의 말씀

　인도에는 종교적인 사람들이 많습니다. 소위 성인(聖人)이라 하는 어떤 이들은 신(神)을 찾기 위해 이리저리 돌아다니면서, 바위와 나무를 두드리며 "신이여, 여기 계십니까? 신이여, 여기 계십니까?" 하며 중얼거립니다. 바위와 나무가 응답해 줄 리가 만무합니다.

　그러나 신을 찾는 사람들에게 분명한 해답을 들려줄 수 있습니다. 이러한 해답을 들려줄 사람들만 충분히 있다면 쉬운 일입니다. 이 인도의 구도자들이 주님의 일꾼과 대화만 할 수 있다면 말입니다. 왜냐하면 추수하는 일꾼에게는 바로 성경이 있기 때문입니다. 성경은 영적으로 굶주리고 찌들어 있는 사람들에게 하나님의 응답을 전달해 줄 수 있는 최상의 도구입니다. 예수님께서 성경에 대하여 친히 이렇게 말씀하셨습니다. "이 성경이 곧 내게 대하여 증거하는 것이로다"(요한복음 5:39). 따라서 효과적인 일꾼은 사람들에게 바로 그 성경 말씀을 제시해 주는 것입니다.

　일꾼은 성경이 다른 어떤 것과도 비길 데 없는 완전한 해결책임을 잘 알고 있습니다. 성경은 예수님께서 권위의 근원으로 언급하신 유일한 책입니다. 당시 거대한 도서관들에 방대한 서적들이 있었지만, 예수님께서는 플라톤이나 아리스토텔레스, 키케로의 저술들을 인용하신 적이 없습니다. 다른 책들이 있다는 사실을 모르셨기 때문이 아닙니다. 그렇다면 왜 이 책 한 권만을 인용하셨을까요? 예수님께서는 우리에게 성경이 독특한 책임을 보여 주십니다. 다른 모든 책은 인간으로부터 나왔고, 인간의 생각을 전달할 뿐입니다. 오직 성경만이 하나님으로부터 나왔고, 하나님의 뜻을 우리에게 전달해 줍니다.

예수님께서는 때로 성경에 대한 이해가 부족하다고 사람들을 책망하셨습니다. 예수님께서는 사람들이 그들에 대한 하나님의 뜻을 깨닫고 행하기를 바라셨습니다. 성경은 **하나님의 책**입니다. 왜냐하면 하나님께서 그 책 안에 들어 있는 진리의 원천이시기 때문입니다. 그러나 또 다른 의미에서 그것은 **우리의 책**입니다. 왜냐하면 그것을 적용할 필요가 있는 것은 바로 우리이기 때문입니다.

이와 아울러 우리는 하나님의 능력의 메시지를 이 패역한 혹성 지구에 사는 모든 사람들에게 전달해 줄 특권과 책임이 있습니다.

미국에서 한창 학생 소요와 데모가 심했던 시기가 있었습니다. 그 기간 동안 나는 여러 대학교에서 그 학생들을 대상으로 전도를 많이 했습니다. 개인 전도도 하고 많은 학생들 앞에서 대중 전도도 했습니다. 그 가운데 보울더에 있는 콜로라도 대학교에서는 잊지 못할 특별한 경험을 했습니다. 그 학교에서는 매주 시사 문제 토론회가 개최되었는데 물론 그것도 수업이었습니다. 토론 회장은 혁명가를 자처하는 대학생들과 급진주의자들로 늘 만원을 이루었습니다. 참석하는 학생들 중에 그리스도인이 두 명 있었습니다. 한 학생은 빨간 고수머리를 더부룩하게 늘어뜨린 젊은이였고, 또 한 학생은 습관성 마약으로 고생하다가 이제는 거기서 완전히 벗어난 젊은이였습니다.

이 두 학생은 그리스도를 믿고 난 바로 얼마 후 담당 교수를 찾아가서 다음과 같은 요청을 하였습니다. "우리는 그동안 모든 분야에서 열의가 있는 인사들을 강사로 모셔 왔습니다. 그러나 **종교계** 인사는 한 분도 초빙한 적이 없었는데 왜 그렇게 되었는지 모르겠군요. 이번에는 그분들 중에서 한 분을 모시는 것이 어떨는지요?" 교수는 이 제안을 쾌히 받아들이고 그들에게 그런 분들 중에서 초빙할 만한 사람을 알고 있느냐고 물었습니다. 그들은 나를 생각하고 교수에게 추천을 했고, 내게 전화를 걸어 와서 말씀을 전해 달라고 했습니다.

나는 그 초청을 수락했습니다. 그 토론회가 개최되기 전날 밤에 콜로라도스프링스를 떠나 보울더로 차를 몰고 가서 한 모텔에 들었습니다. 시간이 가까워 오니 내 마음은 초조해지기 시작했습니다. '내가 어쩌다 이런 곳에 오게 되었담?' 나는 나를 추천했던 한 학생에게 전화를 걸어 "내게 다시 한 번 말해 주게. 내가 무엇을 해주었으면 좋겠는가?" 하고 물어보았습니다. 그의 대답은 전형적이었습니다. "무엇을 해주었으면 좋겠느냐고요?!! 선생님께서 늘 하시던 말씀을 하세요!" 물론이지! 내가 왜 그 생각을 못했을까?

그리하여 다음 날 아침 나는 우리 네비게이토 선교회 지역대표인 딘 트루옥 형제를 데리고 함께 그 토론회에 나갔습니다. 딘의 간증이 있은 후, 나는 내가 잘 알고 있는 대로 곧바로 순수하게 복음을 전했습니다. 그러고 나서 질문할 시간을 주었습니다. 그러자 그곳은 금방 정신병원처럼 시끌시끌한 수라장으로 바뀌었습니다. 그들은 내가 말한 모든 내용에 대해 쉴 새 없이 질문을 쏟아 대고 모욕과 비난을 퍼부어 대면서 말끝마다 물고 늘어졌습니다. 그러나 그 25분간의 질문 시간 내내 주님께서는 놀라운 은혜를 부어 주셔서 나로 하여금 모든 질문에 대해 성경으로 답변할 수 있도록 해주셨습니다.

드디어 수업 종료를 알리는 종이 울렸습니다. 그러자 놀라운 일이 일어났습니다. 큰 강의실을 가득 메웠던 학생들이 박수를 치기 시작하는 것이었습니다. 우레와 같은 박수였습니다! 그들은 쉬지 않고 계속 박수를 보내 주었습니다. 나는 어떻게 응답해야 할지를 몰라 그 자리에 서 있다가 미소를 보냈습니다. 양손을 호주머니에 넣었다 뺐다 하다가, 왼발로 섰다가 오른발로 섰다가 했습니다. 그런데도 박수는 그칠 줄 몰랐습니다.

이윽고 박수 소리가 가라앉고 학생들이 줄줄이 강의실에서 나가기 시작했을 때, 장발에 술이 주렁주렁 달린 가죽 옷과 때 묻은 청바지를 입은 학생 한 명이 교단을 향해 똑바로 걸어 나왔습니다. 그가 교단 위까지 올라오자, 나는 '큰일 났군. 날 한 대 칠 것 같아!' 하고 생각했습니다. 그러나 그는 손을 내밀며 이렇게 말하는 것이었습니다. "저는 말씀드릴 게 두 가지 있어서 여기까지 올라왔습니다. 먼저는 오늘 아침 제가 한 행동에 대해 사과드립니다. 둘째로는 선생님께서 와주신 데 대해 감사드립니다. 비록 저희들이 선생님께 소리 지르고, 야유를 보내고, 버릇없이 대했지만, 선생님은 저희에게 필요한 해답을 갖고 계신 게 분명한 것 같습니다." 나는 사과할 필요까지는 없다고 말하며 그에게 고마움을 표시했습니다.

그 시간이 끝난 후 나는 딘과 함께 구내 서점에 가보았습니다. 대학생들이 무엇을 생각하고 있는지를 알고 싶으면 그들이 무슨 책들을 읽고 있는지를 알아보면 된다는 사실을 알았기 때문입니다. 복도를 막 돌아오다가 그 과목 담당 교수를 만났습니다. 그는 멈춰 서서 우리에게 악수를 청하며 말했습니다. "일찍이 한 번도 그런 일이 없었습니다! 정말 놀라웠습니다! 오늘 아침처럼 초빙 강사에게 그렇게 박수를 보낸 일은 한 번도 없었지요. 정말 믿기지 않는 일이었습니다!" 나는 미소를 지으며 내 성경을 들어 올리면서 말했습니다. "교수님께선 강의 시간에 성경 이야기를 한 번도 해본 적이 없으신 것 같군요."

사실이 그렇지 않습니까? 성경은 그 어느 것과도 비교될 수 없습니다. 그것은 갈채를 받을 만한 가치가 있습니다. 그것은 예수님께서 사람들에게 말씀하실 때마다 인용하신 책입니다. 주님께서는 "너희가 …라 한 것을 읽어 보지 못하였느냐?"라는 말씀을 서두로 가르침을 베푸신 적이 많습니다. 예를 들어 보겠습니다. "죽은 자의 부활을 의논할진대, 하나님이 너희에게 말씀하신 바, '나는 아브라함의 하나님이요, 이삭의 하나님이요, 야곱의 하나님이로라' 하신 것을 읽어 보지 못하였느냐? 하나님은 죽은 자의 하나님이 아니요 산 자의 하나님이시니라"(마태복음 22:31-32). "예수께서 가라사대, '다윗이 자기와 그 함께한 자들이 시장할 때에 한 일을 읽지 못하였느냐?'"(마태복음 12:3).

예수님께서는 사역의 기초를 가르치시기 위해서 성경의 진리들을 강조하셨습니다. 근면한 일꾼은 그 자신의 가르침과 믿음의 기초로 삼기 위하여 성경 말씀을 연구합니다. 그는 예수님께서 행하신 대로 행합니다. 그는 그 무엇과도 비교될 수 없는 그 책에 착념합니다. 더 나아가 그는 하나님의 말씀의 권위 아래서 생활하고 사역을 이루어 갑니다. 그는 다음과 같은 예수님의 질문을 진지하게 받아들입니다. "너희는 나를 불러 '주여, 주여' 하면서도 어찌하여 나의 말하는 것을 행치 아니하느냐?"(누가복음 6:46).

오늘날 우리 문화 속에 상대주의가 깊이 침투해 있습니다. 진리는 주관적인 것이 되어 버렸습니다. 많은 사람들은 자신에게 좋다고 느껴지는 것을 곧 올바른 것이라고 판단해 버립니다. 그들의 판단 기준은 무엇이 좋게 **느껴지는가** 하는 것입니다. 그러나 일꾼은 이와는 전적으로 다른 원리에 의존합니다. 그에게는 성경이 가르치고 있는 것이 옳은 기준이 됩니다. 그는 하나님의 말씀만을 유일한 권위로 삼고 자신을 성경 말씀의 권위 아래에 둡니다. 뿐만 아니라 그는 자기가 영적으로 돕고 있는 사람들도 마찬가지로 그러한 위치에 서도록 돕는 일에 온 힘을 다 기울입니다. 성경의 영감에 대한 믿음은 이성과 관련되어 있으나, 성경의 권위하에서 사는 삶은 의지와 관련되어 있습니다. 우리는 하나님의 말씀에 따라 살아야 합니다.

하나님께서는 어느 곳에서 자신의 말씀을 처음으로 계시해 주셨습니까? 그곳은 다름 아닌 팔레스타인으로서 아시아, 아프리카, 유럽의 세 대륙이 만나는 좁고 길쭉한 땅입니다. 성경 역사에 있어서 이 사실은 대단히 중요한 의미를 지니고 있습니다. 왜냐하면 융기된 이 작은 지대는 여러 문명의 지리적 중심이었기 때문입니다. 대상(隊商)들과 온갖 상인들이 팔레스타인을 끊임없이 지나다녔기 때문에 고대 제왕들은 이곳의 지배를 늘 노렸습니다.

나는 여기에 위대한 교훈이 있다고 믿습니다. 성경은 단지 고립된 어떤 사람들만을 위한 것이 아니라 인류 전체를 위한 것이라는 점입니다. 하나님께서는 이 책이 지구 상의 구석구석에 사는 모든 사람들의 마음과 그들의 삶의 중심을 차지하여 사회와 국가의 모든 활동을 다스리게 되기를 간절히 바라고 계십니다.

그렇지만 세계적인 이 일이 어떻게 이루어질 수 있습니까? 물론 일꾼들을 통해서입니다. 예수님께서는 말씀의 권위에 복종하고, 말씀의 독특한 능력을 인식하고, 그 메시지를 목자 없는 양과 같이 고생하며 유리하는 사람들에게 전파하는 일에 헌신한 '추수하는 일꾼들'을 원하십니다(마태복음 9:36-38 참조).

추수하는 일꾼은 말씀의 능력에 대한 절대적 확신을 가지고 있습니다. 그는 다음과 같은 하나님의 말씀을 기억하고 있습니다. "나 여호와가 말하노라. 내 말이 불 같지 아니하냐? 반석을 쳐서 부스러뜨리는 방망이 같지 아니하냐?"(예레미야 23:29). 성령께서는 말씀을 사용하사 우리 삶 속에 있는 더럽고 부정한 것들을 사르시고, 우리가 하나님을 거슬러 행동해 온 반항의 벽을 부스러뜨리십니다. 그러나 우리는 종종 하나님의 말씀의 능력에서 멀

어집니다. 실로, 성경의 능력에 대해 엉뚱하게 잘못 이해하는 사람들도 많습니다.

몇 달 전 비행기를 탔을 때, 내 옆 좌석에는 신경과민인 젊은 여자가 앉았습니다. "이게 무슨 비행기죠?"라고 묻기에 설명을 해주었더니, 그녀는 "뭐라고요? 큰일 났네! 이런 줄 알았다면 타지 않는 건데! 전 이런 비행긴 절대로 안 타요. 안전하지가 못해요!"라고 하는 것이었습니다. 나는 이 비행기는 절대 안전하다는 사실을 확신시켜 주고 그녀를 안정시켜 주느라 애를 썼습니다. 비행 도중 그녀는 내내 손톱을 깨물고, 땀을 흘리며, 술을 연거푸 마셔 댔습니다. 반면에 나는 편안하게 자리에 앉아 조용히 성경을 읽었습니다. 비행기에서 내릴 때쯤, 그녀는 내 성경을 가리키며 말했습니다. "그것 때문에 우리가 죽지 않았어요." 그녀는 성경을 어떤 마력(魔力)이 있는 것으로 여기는 것 같았습니다.

나는 말레이시아의 정글에서 일하던 조니 아팅이 원주민에게 성경을 한 권 주자고 제안해 왔던 것을 기억합니다. 결국 그들은 악령을 퇴치하는 데 성경을 사용했습니다. 대부분의 사람들이 성경을 특별한 어떤 것, 뭔가 다른 것으로 인정하고 있습니다. 실로 성경은 우리의 주재시요 전능하신 하나님의 말씀이기 때문에 능력이 있습니다. 그러나 때로 어떤 사람들은 그 책 자체를 두려워하고 신격화합니다.

어느 날 저녁 한 대학교의 학생회관에서 전도를 위한 식사 모임을 가졌습니다. 모임이 끝나고 방으로 돌아가려고 카페테리아의 본식당을 통과하는 길이었습니다. 마침 젊은 여자 두 명이 한

쪽 구석에 앉아 있다가 내 성경을 보게 되었습니다. 그중 한 여자가 다른 여자에게 두려운 목소리로 물었습니다. "저 사람이 가지고 들어오는 게 뭐지?" 맞은편에 앉아 있던 여자가 자리에서 벌떡 일어서더니, "나도 몰라. 여기서 나가야겠어!" 하면서 함께 가장 가까운 출구를 향해 뛰어가 버렸습니다. 성경을 한 번 보았을 뿐인데, 그들의 마음은 공포에 사로잡혔던 것입니다.

성경은 그 메시지 안에 하나님의 권위를 지니고 있습니다. 우리는 하나님께 기회를 드려 하나님의 논리와 능력으로 다른 사람들을 감동시키시도록 하는 대신, 우리 자신이 기회를 틀어잡고 그들을 인간적으로 설득하느라 우리의 체력과 지력을 지나치게 소모합니다. 자신의 말만 가지고 사람들을 설득시키려 하지 말고, 그들에게 하나님의 말씀을 주어서 말씀의 능력이 그들에게 직접 역사하도록 맡겨야 합니다. 예수님께서 말씀을 하셨을 때, 사람들은 그 가르침에 놀랐습니다. 이는 그 말씀이 권세가 있었기 때문입니다(누가복음 4:32 참조). 그때 역사한 그 말씀은 지금도 동일한 능력을 지니고 있습니다.

부활 직후 예수님의 사역 가운데 이에 대한 흥미로운 예가 있습니다. 제자들은 예수님의 못 박히셨던 손과 발을 보았습니다. 그러나 그것으로는 충분하지 않았기 때문에 예수님께서는 그들에게 말씀을 들려 주셨던 것입니다. "또 이르시되, '내가 너희와 함께 있을 때에 너희에게 말한 바 곧 모세의 율법과 선지자의 글과 시편에 나를 가리켜 기록된 모든 것이 이루어져야 하리라 한 말이 이것이라' 하시고, 이에 저희 마음을 열어 성경을 깨닫게 하시고"(누가복음 24:44-45). 예수님께서는 제자들의 증거가 성경 말씀에 그 기초를 두게 되기를 원하셨습니다.

하나님을 찾기 원하는 사람들은, 말레이시아의 정글에 있든, 대학 캠퍼스에 있든, 아니면 지상에서 높이 뜬 비행기 안에 있든, 하나님의 안내서인 성경 말씀을 통해 하나님을 발견할 수 있습니다. 그 책 자체에 마력이 있는 것은 아닙니다. 그러나 그 책은 능력의 말씀, 곧 인생의 방향을 바꿔 줄 수 있는 메시지를 선포합니다. 일꾼은 성경의 저자이신 주님을 위해 일하는 사람들입니다. 그들은 누가복음 1:2에 있는 것처럼 이 능력 있는 말씀의 '일꾼 된 자들' 곧 말씀의 사역자들입니다.

제7장

개인적인 만남

예수님과 함께 생활하며 매일 예수님께서 행하시는 모습을 관찰할 수 있다면 어떻겠습니까? 열두 사람이 3년 동안 날마다 일상적으로 예수님과 함께하는 특권을 누렸습니다. 그들 가운데 한 사람인 사도 요한은 그렇게 가진 특별한 만남에 대하여 경외감을 가지고 이렇게 묘사했습니다.

태초부터 있는 생명의 말씀에 관하여는 우리가 들은 바요, 눈으로 본 바요, 주목하고 우리 손으로 만진 바라.… 우리가 보고 들은 바를 너희에게도 전함은 너희로 우리와 사귐이 있게 하려 함이니, 우리의 사귐은 아버지와 그 아들 예수 그리스도와 함께함이라. (요한일서 1:1,3)

요한의 이 말 가운데는 생생한 사역의 원리가 담겨 있습니다. 하나님과의 교제는 다른 신자들과의 교제와 밀접한 관련이 있다는 것입니다.

예수님께서는 3년 동안 제자들과 함께 대화를 나누셨고, 함께 식사를 하셨으며, 함께 여행하시면서 그들을 영적으로 먹이셨습니다. 그것은 특별한 종류의 교제였습니다. 그러나 그것이 유례가 없었던 독특한 것은 아니었습니다. 젊은 여호수아가 나이도 경험도 많은 모세와 함께 가졌던 배움의 관계가 어떠하였을까를 마음속에 그려 보십시오. 엘리사가 엘리야로부터 배운 위대한 교훈은 무엇일지 생각해 보십시오. 또 오랜 기간에 걸쳐 디모데와 지혜로운 사도 바울 사이에 형성된 영적인 유대 관계에 대해서도 숙고해 보십시오.

사람은 누군가와 함께 시간을 보내게 될 때 그의 영향을 받게 됩니다. 마가복음 3:14에 보면 예수님께서 열두 제자를 세우신 이유가 나옵니다. "이에 열둘을 세우셨으니, 이는 자기와 함께 있게 하시고 또 보내사 전도도 하며." 예수님께서는 무엇보다 먼저 자기와 함께 있게 하시려고 열두 제자를 택하신 것입니다. 우리는 주님의 일을 맡은 일꾼들과 시간을 함께 보낼 때 주님에 관해 많은 것을 배울 수 있습니다. 이것을 '동행'의 원리라고 부릅니다.

이 동행의 원리에 대해 의구심을 품는 사람들이 있을 수 있습니다. '이러한 긴밀한 개인적 유대를 통하여 도대체 무슨 일이 일어난다는 말입니까? 이 원리는 시대에 뒤떨어진 것은 아닐까요? 그것은 더 이상 타당성이 없는 것 아닐까요?'

나는 노스웨스턴 대학 시절 아직 어린 그리스도인이었을 때 이 원리의 효과를 직접 경험하였습니다. 당시 네비게이토 선교회의 지역대표였던 단 로젠버거는 교회나 전도 집회에 말씀을 전하러 갈 때 이따금 나를 데리고 가곤 하였습니다. 함께 차를 몰고 목적지를 향해 달리면서 단은 이 원리를 적용하곤 했습니다. 이 원리는 엄청나게 강한 힘이 있었습니다.

이럴 때는 대개 우리는 단둘이서만 차를 타고 있었습니다. 우리는 갖가지 이야기를 다 나누곤 하였습니다. 영적인 것은 물론이고, 일상적인 일들, 시사 문제, 장래 문제 등에 대해서도 의견을 주고받았습니다. 우리는 서로에 대해 훤히 알다시피 하게 되었습니다. 그것은 정말 즐거운 경험이었습니다. 그러나 나는 그 당시에는, 단이 그 강력한 원리를 적용하고 있다는 사실을 알아차리지 못했습니다. 그 엄청나게 강력한 원리를 사용하여 하나님께서는 나의 삶을 빚고 계셨습니다. 나에 대한 사랑과 관심을 통해, 단은 예수님에 대하여 간접적으로 가르쳐 주고 있었습니다. 그와 함께 함으로써, 나는 예수님에 대하여 배우고 있었던 것입니다.

단과 함께했던 지난 일들을 돌이켜 보면 마음에 기쁨과 감사가 넘칩니다. 아마 디모데도 바울과 함께했던 경험들을 회고해 보면 같은 마음이 되었으리라 믿습니다. 이러한 특별한 관계가 일꾼의 사역의 깊이와 효과를 더해 주는 것입니다. 영적으로 어린 제자를 데리고 운동 경기를 함께 관전하거나, 좋아하는 운동을 함께 하거나, 연주회, 소풍, 혹은 여행 등 유익한 곳이라면 어디든지 함께 다니십시오. 이런 것들을 통하여 자연스럽게 실제 삶에 영향을 주게 될 것이며, 제자는 말로 가르치는 그 이상의 것을 배우고 익히게 될 것입니다.

미국 중서부 지역에서 네비게이토 사역을 이끌기 시작하던 초창기에, 하나님께서는 사도행전 20:4 말씀을 깨닫게 해주셨습니다. "아시아까지 함께 가는 자는 베뢰아 사람 부로의 아들 소바더와 데살로니가 사람 아리스다고와 세군도와 더베 사람 가이오와 및 디모데와 아시아 사람 두기고와 드로비모라." 얼마나 아름다운 장면입니까! 사도 바울과 함께 생활하고, 함께 여행하고, 함께 고난당하며, 함께 선교 사역을 하면서 훈련받는 젊은 일꾼들의 모습이 아닙니까!

"지혜로운 자와 동행하면 지혜를 얻고, 미련한 자와 사귀면 해를 받느니라"(잠언 13:20). 바울은 젊은이들을 그의 인생길에 동참시켜 함께함으로써 그들을 훈련시키는 단순한 방법을 택했습니다. 바울은 왜 일꾼 훈련을 위한 학교를 세우지 않았을까요? 학생들을 충분히 모집하지 못했기 때문일까요? 천만에요. 그럴 마음만 먹었다면 그 학교에 입학하기 위해 기다리는 지원자들이 줄을 서서 1km는 뻗쳐 있었을 것입니다. 그렇다면 바울에게 학문적인 자격이 없어서였을까요? 그럴 수도 없습니다. 바울이야말로 학문을 자랑할 수 있는, 당대의 손꼽을 만한, 어쩌면 최고의 대학자였습니다. 그렇다면 바울은 왜 이 방법을 택했을까요? 대답은 간단명료합니다. 바울은 자신이 예수 그리스도께서 사용하신 것보다 더 나은 방법을 찾을 수 없다는 사실을 알고 있었습니다. 그는 예수님께서 행하신 바를 알고, 최선을 다하여 그 방법대로 따랐던 것입니다.

1952년, 우리 부부는 도슨 트로트맨으로부터 시애틀로 가서 그곳 사역에 동참하라는 요청을 받았습니다. 우리는 그곳 네비게이토 지역대표인 고든 도널드슨 부부가 살고 있던 집으로 이사했습니다. 그들 부부는 영적으로 성숙한 그리스도인들이었지만, 우리는 아는 게 별로 없는 미숙한 신자들이었습니다. 그 기간이 우리에게 어떤 의미를 주었는지 정확히 표현하기는 어렵지만, 한 가지 분명한 것이 있습니다. 몇 년 뒤 우리가 젊은이들에게 우리 집을 개방했을 때, 시애틀 시절에 하나님께서 우리에게 가르쳐 주신 교훈들이 진가를 발휘했다는 것입니다. 그 교훈들 가운데는, 성경공부 시간이나 함께 기도한 시간을 통하여 배운 것보다는, 아침 식탁에서 커피를 마시며 대화를 나누거나 함께 잔디를 깎으면서 보낸 시간을 통하여 배운 것이 훨씬 더 많았습니다. 하워드 헨드릭스는 제자삼는 사역의 가장 좋은 도구는 식탁이라고 말한 바 있습니다.

단 로젠버거는 나의 영적 성장에 관심이 깊었기 때문에 나와 함께해 주었습니다. 그는 진주만 공습 직후 호놀룰루에 있을 때 동료 해군이었던 케니 워터스를 통해 그리스도께로 돌아온 사람이었습니다. 그는 하나님께서 케니 워터스를 통해 그에게 사용하셨던 원리를 내게 적용하였던 것입니다. 당신도 다른 사람들의 삶 가운데 그리스도를 심는 일에 귀하게 사용되기를 원합니까? 좋습니다. 당신도 할 수 있습니다. 당신 삶 속에는 놀라운 잠재력이 내재해 있습니다. 동행의 원리를 사용하여 누군가에게 개인적인 관심을 가져 보십시오. 하나님께서 당신을 귀하게 쓰실 것입니다.

'동행'의 원리가 다분히 일반적인 친분 관계를 통한 훈련 방식이라면, '일대일' 원리는 좀 더 계획성이 있는 훈련 방법입니다.

일대일 원리는 주로 일꾼을 훈련시키는 데 사용할 때 큰 효과를 발휘합니다. 하지만 또 한편으로 영적으로 어린 그리스도인을 도와 성숙하고, 헌신되고, 열매 맺는 제자가 되도록 돕는 데에도 아주 유용합니다. 어린 그리스도인과의 접촉은 대부분이 소그룹의 수준에서 이루어지는 것이 보통인데, 일꾼은 그룹 교제를 주기적인 일대일 훈련과 상담으로 보강해 주어야 합니다.

당신 주위에, 또는 당신이 교제하게 된 사람들 중에서 성장하려는 열망이 분명한 4-5명의 영적으로 어린 그리스도인들이 있다고 합시다. 그들을 보면서 당신은 그들의 잠재력을 최고로 발휘하도록 하기 위해서는 그들에게 때에 맞는 적절한 도움과 도전을 주어야 한다는 사실을 깨닫습니다. 그렇지 않으면 그들의 성장은 정체되고 그들의 관심과 열망은 식어 버릴 수도 있습니다. 그러나 무엇을 어떻게 해주어야 합니까? 당신은 그들 모두를 일대일로 도울 수도 없으며, 또 그렇게 해서도 안 됩니다. 당신이 할 수 있는 가장 효과적인 것은 그들을 소그룹 성경공부로 묶는 것입니다.

우선 그들이 당신의 제안에 적극적인 반응을 보이게 되면, 몇 가지 기본적인 규칙에 의견을 모으십시오. 내가 발견한 바로는, 인도자가 임의로 어떤 규칙을 만들어서 그것을 지키라는 식으로 안겨 주기보다는 그들과 함께 지침이 되는 것들을 토의하는 것이 제일 좋습니다. 그들에게 의견을 물으십시오. "성경공부 모임에 올 때는 꼭 미리 준비해 오도록 하는 것이 어떨까요? 모임을 가질 때 성경 암송도 포함시키는 것이 어떻겠습니까? 일주일에 몇 구절이 좋을까요? 모임은 어디서 가질까요?" 등.

시작하기에 앞서 그들을 결정 과정에 참여시켜 그들로 하여금 기준을 정하도록 해주면, 분위기도 새롭게 되고, 밀도 높은 협력과 헌신의 태도를 얻을 수 있습니다. 그렇게만 되면 이제 그 공부는 그들의 공부요, 규칙도 그들 스스로가 정한 그들의 규칙이 됩니다. 자, 이젠 거침없이 출발할 수 있습니다.

영적으로 어린 제자들이 기독교의 기본적인 교리에 견고히 서도록 도와주려면, 기초가 되는 주제별 성경공부를 함께 시작하는 것이 좋습니다. 초신자들이 성숙하고 헌신된 제자로 자라 가도록 도와주는 성경공부 교재들이 많이 있습니다. 그중에서도 네비게이토의 **그리스도인의 생활 연구**(전 10권) 시리즈와 **그리스도의 제자가 되는 길**(전 6권) 시리즈는 이 목적을 위하여 만든 교재로서 전 세계적으로 널리 사용되고 있습니다.

성경의 각 책들을 먼저 공부하는 것이 어떻겠느냐고 묻는 사람들이 있을지도 모르겠습니다. 내 경험으로는 나중에 하는 것이 좋다고 생각합니다. 먼저는, 경험 없는 어린 그리스도인에게 필수적인 주제들을 다각도로 다루고 있는 교재를 공부함으로써 기초를 든든히 다지게 하십시오. 그 다음에 성경의 여러 책들을 공부하는 것이 좋습니다(그리스도인의 생활 연구의 제7-10권은 책별 성경공부의 방법을 제시하고 있습니다). 책별 공부를 할 때 처음에는 짧은 책들, 이를테면 서신서들을 공부하는 것이 실제적인 면에서 도움이 됩니다. 성장하는 그리스도인에게는 자신이 무언가 한 가지를 해냈다는 성취감을 느끼게 해줄 필요가 있습니다. 잠언 말씀에 "소원을 성취하면 마음에 달다"(잠언 13:19)고 하였습니다. 빌립보서, 골로새서, 디모데후서, 데살로니가전서 등이 처음 시작하기에 좋은 책들입니다. 이들 중 두어 책을 끝마친 후에는 로마서나 요한복음같이 비교적 긴 책을 공부해 보자고 제안할 수도 있습니다. 문답식 성경공부로 든든한 기초를 쌓은 다음에 성경의 다양한 책들을 공부한다면 튼튼한 건물을 세워 나갈 수 있을 것입니다.

일주일에 한 번 성경공부 모임을 가질 경우 이른 아침 시간에 해보는 것도 권해 볼 만합니다. 나는 수년간 일주일 중 하루 아침 6시 30분부터 7시 30분까지 시간을 따로 떼어 몇 사람을 만나 성경공부를 한 적이 있습니다. 그리고 나서 아침을 함께 먹고 일터로 나갔습니다. 그것은 하루를 멋지게 시작하는 하나의 방법입니다. 그렇게 이른 시간은 다른 계획들과 겹칠 염려도 없고, 또 이른 시간에 만나는 것은 마음에 감동도 더해 줍니다. 그 시간을 주님께 맡기는 기도로 시작하십시오. 다음에는 새로 암송한 구절들을 완벽하게 암송하고 있는지 서로 점검해 주십시오. 둘씩 짝지어 서로 점검하면 몇 분 걸리지 않습니다.

당신은 선생이 아니라 인도자임을 기억하십시오. 토의 질문들을 던지십시오. 공부에 활력을 주도록 하십시오. 그리고 항상 그럴 필요는 없지만, 마지막에는 간단한 도전을 주는 것이 좋습니다. 그러고 나서 기도로 모임을 마치십시오.

다음과 같은 의문이 생길지도 모르겠습니다. "좋아요. 그런데 일대일 시간은 언제 어떻게 갖는 거죠?" 단적으로 말해, 당신이 이 사람들과 함께하는 일대일 시간은 위생병이 부상당한 병사를 보살펴 주는 것과 같은 식으로 하면 됩니다. 누군가가 어두움의 세력의 공격을 받고 있을 때, 그리고 과로, 인간관계상의 어려움,

우선순위의 문제, 동기력의 저하, 기타 다른 심각한 시련 등으로 문제에 빠져 있다면, 그때가 그 사람을 따로 데리고 가서 그 문제를 도와주어야 할 때입니다. 영적인 응급 치료를 하십시오. 그와 함께 기도하십시오. 그를 위로하십시오. 그를 격려해 주십시오. 그가 지속하게 하는 데 필요한 것이면 무엇이든지 하십시오.

그룹 모임이 계속되다 보면, 어느 사람이 배우고 성장하고자 하는 동기가 가장 분명하고 진지한지 명백히 드러나게 될 것입니다. 이런 사람들에게 당신의 개인 시간을 투자하기 시작해야 합니다. 그러나 개인적으로 접근하기 전에 그들에게 열망과 열의가 분명히 나타나고 있는지 확인하십시오. 당신이 너무 성급히 움직이면 그들이 지레 겁을 먹을 수도 있습니다. 그러나 열심 있는 사람들이라면 당신이 성경공부 시간에 가르쳐 준 것만으로 계속 만족해하지는 않을 것입니다. 그들은 당신이 그들과 삶을 나누기를 원하게 될 것입니다. 바로 그 시점이 '동행'의 원리를 사용하여 그들을 '일대일'로 돕기 시작해야 할 때입니다. 일꾼을 계발하는 일을 하는 데는 단편적인 방법 그 자체만으로는 불충분합니다. 많은 방법이 활용될 수 있습니다. 내가 지금까지 제안한 것은 몇 가지 예에 불과합니다. 당신이 처한 상황에 가장 알맞게 활용해 보십시오.

1951년 여름, 도슨 트로트맨은 군 선교에서 자신이 발견한 매우 실망되는 한 가지 예를 우리에게 이야기해 준 적이 있는데, 그것은 큰 그룹들이 일꾼들을 별로 효과적으로 길러 내지 못하고 있다는 사실이었습니다. 도슨은 이렇게 말했습니다. "이유가 무엇일까요? 엄마는 아기를 어떻게 키우는지는 알지만, 고아원을 어떻게 경영하는지는 모릅니다. 고린도전서 4:15 말씀은 이 큰 그룹들이 왜 자주 실패하는가를 보여 주는 이유가 됩니다."

"그리스도 안에서 일만 스승이 있으되 아비는 많지 아니하니, 그리스도 예수 안에서 복음으로써 내가 너희를 낳았음이라"(고린도전서 4:15). 이 구절에서 바울은 일대일 교제에서 형성되는 부자 관계에 대해 설명했습니다. 인도자 편에서는 특정한 어린 그리스도인에게 깊은 관심이 있어야 합니다. 그러나 그룹이 너무 크면 인도자가 모든 그룹 멤버 한 사람 한 사람의 필요를 다 채워 줄 수는 없습니다. 그래서 때로는 사람들이 방황하는 경우도 있습니다. 이것이 바로 내가 소그룹 교제 방법을 사용하고 거기에 주기적인 일대일 교제 시간을 보충하는 법을 배우라고 권하는 이유입니다. 그리고 '동행'의 원리를 활용하는 법도 배우도록 하십시오.

도슨은 인도자가 어린 그리스도인들의 성장을 돕는 실제적인 여덟 가지 지침을 다음과 같이 들었습니다.

1. 하나님을 영화롭게 하는 삶을 세워 줄 것.

2. 그리스도 중심의 삶을 세워 줄 것 - 이를 위해 정기적인 기도와 성경공부, 증거, 교제에 드려지게 할 것.

3. 성장한 그리스도인들과 만나게 해줄 것.

4. 올바른 환경 가운데로 이끌어 줄 것.

5. 말씀을 가르쳐 줄 것. "예수께서… 저희가 알아들을 수 있는 대로 말씀을 가르치시되… 혼자 계실 때에 그 제자들에게 모든 것을 해석하시더라"(마가복음 4:33-34).

6. 주의 깊게 관찰하여 필요를 채워 줄 것.

7. 실제 삶에서 경험하게 해줄 것.

8. 함께 기도할 것.

사람마다 각각 서로 다르기 때문에 각 사람을 일대일로 만나서 교제할 때는 성령의 인도를 따라 그때그때마다 알맞은 방법과 내용을 다양하게 활용해야 할 것입니다. 한 가지 분명한 것은, 이 새 신자들이 하나님께 귀하게 쓰임받도록 돕기 위해 힘닿는 대로 모든 노력을 경주할 필요가 있다는 것입니다.

어린 그리스도인으로 하여금 성장하도록 동기를 부여해 주는 또 한 가지 중요한 요소는 그리스도인들의 교제입니다. 그리스도인들의 교제는 그의 필요를 채워 주고 그의 마음이 주님께 더욱 가까이 이끌리도록 도와줍니다. 따라서 어린 그리스도인을 그리스도인들의 교제 가운데 참여케 하는 것은 매우 중요합니다. 우리 모두에게는 개인적인 관심과 보살핌의 손길이 필요한데, 그리스도인들의 교제를 통해 이를 경험할 수 있습니다. 지난 세월을 뒤돌아볼 때, 하나님과 동행하는 삶의 초기 여정에서 그리스도인들의 교제에 함께하지 않으면서 꾸준히 영적으로 형통한 삶을 사는 사람을 본 적이 없습니다. 혹시 어딘가에 그런 사람이 있을지는 모르겠지만, 본 적은 한 번도 없습니다. 그런 경우가 혹 있을 수도 있겠지만, 드문 일임에는 틀림이 없습니다.

새 신자의 삶에 적극적으로 영향을 미치는 방법들은 참으로 많습니다. 그러나 잊어서는 안 되는 것은 개인적인 양육이 없이는 그가 형통한 삶을 사는 것이 거의 불가능하다는 점입니다. 그 사람보다 성숙하고 경험이 많은 그리스도인의 개인적인 보살핌이 절대적으로 필요합니다. 이를 위해서는 개인적인 만남이 있어야 합니다. 성장하는 그리스도인들의 필요를 깊이 생각하면서, 하나님께서 우리를 그리스도의 '지혜로운 건축자'(고린도전서 3:10)로 사용하시기를 기도합시다. 이는 일꾼들의 특권이자 의무인 것입니다.

제8장
인도하시는 성령

내가 네비게이토 선교회의 간사가 되어 처음으로 개척 선교를 시작하기 위해 가족을 이끌고 피츠버그로 이사한 지 얼마 안 되어 도슨 트로트맨으로부터 편지가 왔습니다. 빌 브라이트가 피츠버그에서 캠퍼스 사역을 개척하는 데 도슨의 지원을 요청했고, 도슨은 내가 그 일에 관심이 있는지 물어 온 것입니다. 빌은 캠퍼스 사역을 시작하면서 도슨에게, 일꾼을 몇 사람 보내 주어 사역을 시작하는 데 지원을 좀 해달라고 부탁했었고, 도슨은 일꾼을 보내 도와주고 있었습니다. 나는 즉각적으로 회신을 보냈습니다. "좋습니다. 큰 관심이 있습니다. 한번 해보고 싶군요."

몇 주 뒤 빌이 피츠버그로 왔습니다. 우리는 그를 마중하러 공항에 갔습니다. 그는 비행기에서 내리자마자 로스앤젤레스에서 비행기를 타고 오는 길에 전도하여 그리스도께로 인도한 사람을 우리에게 소개해 주었습니다. 과연 빌 브라이트다운 면모를 처음부터 보여 주었습니다.

빌은 3일 동안 우리와 함께 머물렀습니다. 그 3일간 우리가 기본적으로 한 일은 기도와 전도 두 가지였습니다. 우리는 하나님의 약속을 주장하면서 함께 기도로 많은 시간을 보냈습니다. 또한 여러 가지로 함께 시간을 보내면서 캠퍼스 사역의 다양한 시도들을 했습니다. 대학 기숙사에서 전도 집회를 개최하기도 했고, 캠퍼스에서 학생들에게 신앙 상담을 해주기도 했습니다. 기숙사 전도를 통해 세 사람이 주님께로 돌아왔습니다. 그들은 기숙사 학생 대표와 수영팀의 주장, 그리고 축구팀의 골키퍼였습니다. 큰 격려가 되었습니다.

빌은 우리에게 사역의 방법 훨씬 그 이상의 것을 보여 주었습니다. 그는 영혼에 대한 열정, 지상사명에 대한 헌신, 복음의 능력에 대한 절대적 확신, 그리고 하나님의 말씀에 대한 믿음으로 충만해 있었습니다. 빌의 열정적이고 능력 있는 삶을 보면서 그 비결이 무엇일까 생각해 보았습니다. 유심히 보니 그는 성령과 아주 긴밀한 관계를 유지하고 있었습니다. 나는 바로 이것이 그가 전도에서 놀라우리만치 풍성한 열매를 거두는 것과 관계가 깊다는 것을 알아차렸습니다. 그는 아주 깊고 자세하게 성령에 대해 말해 주었습니다.

이를 계기로 나는 하나님과 따로 시간을 보내면서 성령에 대해 집중적으로 성경을 연구해 보기로 작정했습니다. 주님으로부터 직접 말씀을 듣고 싶었습니다. 그래서 서재에 들어가 3주 동안 하나님과 단둘이 시간을 보내면서 기도하고 성경 말씀을 연구했습니다. 목적은 두 가지였습니다. 하나는 캠퍼스 사역의 방법에 대하여 하나님께서 말씀을 통하여 직접적으로 주시는 확증을 얻는 것이었습니다. 또 하나는, 성령의 사역에 대한 새로운 이해를 얻고자 하는 것이었습니다. 나의 삶 가운데서, 나의 삶을 통하여 성령께서 어떻게 역사하시는지 더 깊이 알고 싶었습니다.

두 번째 목적은 매우 조심스러웠습니다. 실수를 범하거나 잘못된 길로 빠지는 것을 원치 않았기 때문입니다. 이렇게 조심스러웠던 것은 노스웨스턴 대학 시절 영적으로 아직 어린 그리스도인이었을 때 있었던 어떤 일 때문이었습니다. 나는 그리스도께 대한 헌신과 주님 안에서의 기쁨이 특출한 젊은이 몇을 만났습니다. 그런데 1학기 때 어떤 부흥사가 한 교회에 와서 구령(救靈) 및 신유 집회를 열었습니다. 구령에 대해서는 들어 보았으나 신유라는 것은 생소하였습니다.

어느 날 밤 열성적이고 쾌활한 같은 과 친구 몇이 그 집회에 참석하였습니다. 우리는 그 다음날 아침 뭔가 이상해진 것을 발견하게 되었습니다. 그 집회에 참석했던 사람 가운데 평소에는 매우 두꺼운 안경을 끼고 다니던 한 여학생이 안경을 끼지 않은 채로 다니는 것이었습니다. 신유의 기적이 일어나 그 안경을 내던져 버리게 되었다는 말을 누군가가 내게 해주었습니다. 그러나 이 학생이 막상 책을 읽으려고 할 때는 눈에 바짝 갖다 대고 실눈을 뜨고 보는 것이었습니다. 그러나 그렇게 하고서도 읽기는 매우 힘들었나 봅니다. 그녀와 같은 기숙사에 사는 동료 여학생이 한 이야기로는, 그녀가 옷을 다림질하다가 잘 보이지 않아서 눈을 옷 가까이 들이대고 하다가 다리미에 코를 데고 말았다는 것이었습니다. 그녀의 시력은 회복되지 않은 것이 분명했습니다. 어이없게도 이 모든 문제에 대한 책임이 성령께로 돌려졌습니다.

결론적으로 알게 된 것은, 그 여학생이 속임수에 넘어갔다는 것입니다. 만일 성령께서 그녀의 삶 가운데 역사하사 그녀의 시력을 회복시켜 주셨다면 뭔가 좋은 결과가 나타나야 했을 것입니다. 몇 사람은 나를 그 집회에 데리고 나가려 했지만 나는 거절했습니다. 그런 일들에 참여하고 싶지는 않았기 때문입니다. 나는 네비게이토 형제들을 만나 성경공부, 성경 암송, 기도 모임, 전도 등을 함께 해왔습니다. 나는 이 일에 착념하기로 결심했습니다.

캠퍼스에서 그 일이 있은 지 여러 해가 흘러 나는 성령의 인격과 사역에 관해 깊이 성경공부를 하고 있었고, 성령과 더욱 친밀한 관계를 이루고자 힘쓰고 있었던 것입니다.

이 성경공부를 하기 한두 해 전 한 네비게이토 수양회에서, 나는 도슨 트로트맨이 수레바퀴 예화에 성령에 대한 언급이 없는 이유가 무엇이냐는 질문에 답하는 것을 들은 적이 있습니다. 도슨은 경우에 따라 수레바퀴 예화를 그리스도 중심의, 성령 충만한 삶에 대한 예화로 언급하였습니다. 그러나 그 예화 속에 성령에 관해서는 아무런 언급도 없었습니다. 그 이유는 무엇이었을까요?

성령께서는 수레바퀴의 각 부분에서 활동하고 계십니다. 수레바퀴의 축은 그리스도를 나타내는바, 그리스도께서는 우리 삶의 중심이 되셔야만 합니다. 예수님께서는 주님이십니다. "성령으로 아니하고는 누구든지 예수를 주시라 할 수 없느니라"(고린도전서 12:3).

순종의 삶 또한 성령과 깊이 연관되어 있습니다. "하나님의 성령을 근심하게 하지 말라. 그 안에서 너희가 구속의 날까지 인치심을 받았느니라"(에베소서 4:30). 내가 말씀에 불순종하는 삶을 살 때 성령께서는 근심하십니다. 바울은 데살로니가 성도들에게도 비슷한 글을 썼습니다. "성령을 소멸치 말며"(데살로니가전서 5:19). 우리는 주님께서 우리에게 하라고 하신 일에 참여하기를 결코 거절해서는 안 됩니다. 성령께서는 한없는 축복을 우리 삶 가운데 부어 주기를 원하십니다. 하나님께서 우리 마음속에 숨어 있는 어떤 죄에 관해 말씀해 주실 때 그것을 해결하지 않는 것은 성령을 근심케 하는 것입니다. 그리스도를 증거하는 어떤 일이나 그리스도의 이름으로 선한 일을 도모하는 어떤 일에 참여하도록 말씀해 주실 때 그것을 거절하는 것은, 우리의 삶 속에서 우리의 삶을 통해 역사하시는 성령의 능력을 소멸하는 것입니다. 성령과 순종의 생활의 관계는 뚜렷합니다.

성령께서는 우리가 말씀을 연구할 때 우리에게 영적 진리를 드러내 주십니다. 왜냐하면 성령은 '진리의 영'이시기 때문입니다(요한복음 14:17).

기도의 효과는 분명히 성령께 달려 있습니다. "이와 같이 성령도 우리 연약함을 도우시나니, 우리가 마땅히 빌 바를 알지 못하나 오직 성령이 말할 수 없는 탄식으로 우리를 위하여 친히 간구하시느니라. 마음을 감찰하시는 이가 성령의 생각을 아시나니, 이는 성령이 하나님의 뜻대로 성도를 위하여 간구하심이니라"(로마서 8:26-27).

우리는 성령으로 말미암아 그리스도 안에서 한 몸 지체가 되었습니다(고린도전서 12:13). 우리는 성령에 의하여 한 몸이 되었으므로 성령께 순종하여 교제를 나누어야 합니다. "그러므로 그리스도 안에 무슨 권면이나 사랑에 무슨 위로나 성령의 무슨 교제나 긍휼이나 자비가 있거든 마음을 같이하여 같은 사랑을 가지고 뜻을 합하며 한마음을 품어"(빌립보서 2:1-2). 성령께서 우리의 삶을 지배하고 계실 때에는 교제에 아무런 문제가 없습니다. 교제에 다툼과 불화가 생기는 것은 우리가 성령을 거스를 때입니다.

사도행전 1:8 말씀은 내가 제자로서 처음 성장해 나갈 무렵에 도슨이 암송하도록 권했던 구절들 중 하나입니다. "오직 성령이 너희에게 임하시면 너희가 권능을 받고, 예루살렘과 온 유대와 사마리아와 땅 끝까지 이르러 내 증인이 되리라 하시니라." 여기서 우리는 다시 한 번 증거와 성령과의 관계를 쉽게 알아볼 수 있습니다.

이처럼 성령께서는 수레바퀴 예화의 각 부분과 긴밀한 연관이 있습니다. 나는 성령에 대해 새로이 더 깊이 공부했습니다. 말씀을 공부해 감에 따라, 나는 '기름 부음', '성령의 능력', '성령 충만' 등에 대해 명확히 알게 되었습니다. 그래서 나는 이 흥미진진한 성경공부를 계속해 나갔습니다. 그동안 하나님께서 성경공부를 통해 나의 삶을 변화시켜 주셨습니다.

성령의 기름 부음은 그리스도인의 삶의 두 가지 면에 연관되어 있다는 사실을 발견하였습니다. 우선 그것은 하나님께서 정해 주신 봉사를 위해 하나님께 구별되는 것을 의미합니다. "하나님이 나사렛 예수에게 성령과 능력을 기름 붓듯 하셨으매, 저가 두루 다니시며 착한 일을 행하시고 마귀에게 눌린 모든 자를 고치셨으니, 이는 하나님이 함께하셨음이라"(사도행전 10:38). 둘째로,

기름 부음은 성령의 가르치시는 사역을 가리킵니다. "너희는 주께 받은 바 기름 부음이 너희 안에 거하나니, 아무도 너희를 가르칠 필요가 없고 오직 그의 기름 부음이 모든 것을 너희에게 가르치며, 또 참되고 거짓이 없으니, 너희를 가르치신 그대로 주 안에 거하라"(요한일서 2:27).

나는 이 두 가지가 성령께서 행하시는 매우 실제적이고 중요한 사역이라는 결론을 내렸습니다. 성령께서는 말씀을 공부할 때 교사가 되어 주시고, 그리스도를 증거할 때 우리를 도와주시는 분입니다.

다음에는 성령의 **능력**에 대하여 연구했습니다. 바울은 자기가 '성령의 능력으로' 증거했다고 말했을 때(로마서 15:18), 능력에 해당하는 말로 다이너마이트의 어원이 되는 단어를 사용했습니다. 바울은 같은 단어를 로마서 1:16에도 사용하여 복음에 대한 자신의 확신을 나타내기도 했습니다. "내가 복음을 부끄러워하지 아니하노니, 이 복음은 모든 믿는 자에게 구원을 주시는 하나님의 능력이 됨이라. 첫째는 유대인에게요, 또한 헬라인에게로다." 나는 그것이 단순히 선택의 문제라는 것을 알았습니다. 나는 나 자신의 힘을 의지하는가, 아니면 하나님의 능력을 의지하는가? 그것은 신뢰의 문제였습니다. 나는 앞으로 나의 신뢰를 하나님께 두며, 나의 능력이 아니라 하나님의 능력 가운데서 살기로 작정하였습니다.

또한 내가 다루지 않으면 안 되었던 세 번째 주제가 있었습니다. 성령 **충만**이 그것이었습니다. 나는, 사도들이 "빌기를 다하매 모인 곳이 진동하더니 무리가 다 성령이 충만하여 담대히 하나님의 말씀을 전하니라"(사도행전 4:31)는 말씀을 읽고 신이 났습니다. 그들은 성령 충만의 결과로 담대히 복음을 전하였습니다. 담대한 전도, 그것은 내가 빌 브라이트의 삶에서 보아 왔던 것으로 내 마음에 강하게 남아 있던 것이었습니다.

그러면 '성령 충만'이란 무엇을 의미합니까? 나는 바울이 그것을 명령형으로 표현했기 때문에 그것이 중요하다는 것을 알았습니다. "술 취하지 말라. 이는 방탕한 것이니, 오직 성령의 충만을 받으라"(에베소서 5:18). 그때 나는 깨달았습니다. 사도들은 마치 술 취한 사람이 자기가 마신 술의 영향력과 통치 아래서 행동하는 것처럼 성령의 영향력과 통치 아래서 사역하고 있었던 것입니다.

나는 그동안 공부했던 모든 것을 다음과 같이 정리해 보았습니다. '나는 하나님께서 나를 불러서 맡기신 사역을 위해 나 자신을 하나님께 온전히 굴복시켜야 한다. 나는 하나님께서 말씀을 통하여 나를 올바로 이끄시리라는 것을 믿어야 한다. 나는 나 자신의 힘이나 지혜를 의뢰하지 말고 전적으로 주님을 의뢰하고 주님의 능력 가운데서 사역을 해야 한다. 나는 나의 삶을 주님의 통치 아래 굴복시켜야 한다. 그리고 내가 이러한 명령을 따르고자 할진대, 나는 주님께서 나로 하여금 열매 맺는 삶, 주님께 영광 돌리는 삶을 살게 해주시리라는 것을 믿을 수 있다.'

서재에서 주님과 함께 기도와 말씀 연구로 보낸 3주 동안 일어났던 일은 그 후 오랜 세월을 두고 나의 삶에 깊은 영향을 주었습니다. 처음으로 나는 자신을 그리스도의 '통로'로 보게 되었습니다. 바울이 로마서 15:18에서 말한 바와 같이, '이제부터는 그리스도께서 나를 통하여 성령의 능력으로 역사하시는 것이다'라는 단순한 생각은 전에 경험하지 못했던 아주 깊은 해방감을 맛보게 해주었습니다. 나는 더 이상 결과에 대한 부담감을 갖지 않게 되었습니다. 모든 것은 주님의 것이었습니다. 주님께서는 다만 주님의 과업을 성취하기 위해 나를 사용하기를 원하셨습니다. 기도와 말씀 연구로 3주를 보내고 나서 복음을 들고 캠퍼스에 나아갈 때는 정말 기대감과 흥분과 마음 든든함을 느꼈습니다. 나는 편안한 마음으로 전도를 즐길 수 있었습니다. 사역은 내 일이 아니라 주님의 일이었습니다. 주님께서는 매일같이 나를 인도해 주시는 분이었습니다.

나는 성령의 기름 부음을 받고, 성령의 능력 안에서, 성령 충만한 가운데, 주님께서 주신 약속의 말씀을 주장하면서 캠퍼스로 나갔습니다. 하나님께서는 그 약속들을 성취하시기 시작했습니다. 따라서 사역의 결과에 대해 누가 영광을 받느냐 하는 것은 분명해졌습니다. 모든 영광은 주님께 속하였습니다. 학생들에게 복음을 들고 나간 나와 나의 팀은 주님께서 사역을 위해 사용하신 평범한 도구에 불과한 것입니다.

몇 년 전 와이오밍 대학교에서 몇 명의 학생들에게 성경 말씀을 가르치고 있었는데, 그들이 물어 온 것 중에는 성령의 사역에 관한 것도 있었습니다. 그들은 성령과 주 예수 그리스도와의 관계에 대해 분명하게 알고 싶어 했습니다. 나는 예수님의 말씀 가운데서 성령에 관해 언급한 요한복음 16:14 말씀을 보여 주었습니다. "그가 내 영광을 나타내리니 내 것을 가지고 너희에게 알

리겠음이니라." 여기서 우리는 성령의 가장 우선적인 사역이 곧 그리스도를 영화롭게 하는 일임을 알게 됩니다. 성령께서는 자신에게 주의를 끄는 일에는 관심이 없으십니다.

1974년 나는 아내와 함께 오스트리아 빈에 있는 어느 큰 오페라하우스에서 오페라를 관람한 적이 있습니다. 3층 발코니 위편 조그만 방에서 한 사람이 스포트라이트를 조종하고 있었습니다. 오페라가 진행되는 동안 그는 주인공이 무대에 등장하여 공연을 할 때 계속하여 그에게 스포트라이트를 비추었습니다. 그 휘황찬란한 건물 속에 앉아 있을 때, 이것이야말로 성령께서 하시는 사역의 한 단면 같다는 생각이 떠올랐습니다. 온 우주의 중심인물은 곧 예수 그리스도이십니다. 성령께서는 그늘 속에 머무시면서, 예수 그리스도께 하나님의 말씀의 스포트라이트를 비추는 일을 주로 하십니다.

성령께 그 그늘에서 나오셔서 예수님과 함께 무대 중앙으로 가서 영광을 받으시도록 초청한다 해도 그것은 오히려 성령께 방해만 될 것입니다. 성령께서는 그런 역을 맡기 싫어하실 것입니다. 성령의 사명은 자신은 보이지 않는 가운데서 예수님께 주의를 끄는 일입니다. 성령께서는 누가 그분께 주의를 집중해도 거기에는 아무 관심을 두지 않으십니다. 성령께서는 우리로 하여금 예수님을 볼 수 있도록 말씀을 비춰 주십니다.

이제 돌이켜 보건대, 도슨 트로트맨의 끊임없는 열망은 우리로 하여금 계속 그리스도 중심의 삶을 살도록 하는 것, 곧 그리스도를 증거하고 그리스도를 위해 살도록 하는 것이었음을 알 수 있습니다. '그리스도를 알고 그를 알게 하라'가 우리의 모토였습니다. 나는 그 일에 초점을 맞추게 하신 것에 대해 하나님께 감사하고 있습니다. 또한 하나님과 단둘이 보낸 3주간에 대해서도 하나님께 감사드립니다. 그 기간 동안, 하나님께서는 영원토록 우리를 도우시는 성령의 사역에 대한 이해에서 진일보할 수 있도록 인도해 주셨던 것입니다.

제 9 장
일꾼의 신체적 요건

　한번은 나와 친하게 지내는 시애틀의 노엘 로이드 박사와 함께 저녁 식사를 했습니다. 우리는 시내의 어느 조용한 식당에서 담소를 즐기며 식사를 했습니다. 노엘은 자신의 전공 분야에서 큰 성공을 거둔 인물이었으며 그리스도의 능력 있는 증인이기도 했습니다. 그는 아직 젊은 사람인데도 불구하고 그의 동년배들이 일생에 걸쳐서나 이루었으면 하고 바라는 일들을 이미 거반 이루어 온 사람이기도 했습니다.
　목표 설정이라는 일반적 주제가 나오자 그는 함께 이야기하다가 이렇게 말했습니다. "사람이 살아가면서 무언가를 성취하기 위해서는 필요한 것이 세 가지 있다고 생각합니다. 창의력과 체력, 그리고 자기가 선택한 진로에 집중하는 의지력이 그것이죠. 창의력은 생의 진로를 정하기 위해 무엇을 할 것인가를 알아내는 데 필요합니다. 다음에는 그것을 추진하기 위한 체력이 필요하고, 또한 매일매일 지속적으로 실천하는 의지력이 필요합니다."

나 자신의 삶을 되돌아볼 때도 그의 말이 맞는 것 같습니다. 그러나 과거에 나는 그가 말한 두 번째 사항인 체력의 필요성에 대해서는 몇 가지를 크게 잘못 생각한 적이 있었습니다.

1963년의 일입니다. 나는 처음으로 해외 선교 여행을 했습니다. 나는 의욕적으로 일정을 잡았습니다. 6주 동안 10개국을 방문하면서 평균 하루에 2회 정도 말씀을 전했습니다. 독일의 바덴바덴에서 열린 1주일간의 간사 수양회 후에, 나는 독일의 비트부르크로 가서 그곳의 군인회관에서 말씀을 전하게 되어 있었습니다. 우리 일행은 폭스바겐을 타고 좁고 구불구불한 길을 신나게 달려서 드디어 그곳에 도착했습니다. 피곤했습니다. 그러나 내가 얼마만큼이나 피곤한지는 모르고 있었습니다.

저녁 식사 후, 미 공군기지에 주둔하고 있던 40여 명의 사람들이 군인회관에 모였습니다. 나는 그 모임에서 '하나님께서는 한 사람 안에서 무엇을 찾고 계시는가?'라는 주제로 말씀을 전할 예정이었습니다. 몇 곡의 찬송과 한두 명의 간증이 있은 후 내 차례가 되었습니다. 나는 강단으로 걸어 나가 청중을 바라보고 "여러분은 하나님께서 여러분 안에서 무엇을 찾고 계시는지 알고 있습니까?" 하고 질문하였습니다. 그리고는 그냥 우두커니 서 있었습니다. 나는 하나님께서 우리 안에서 찾으시는 것들이 많이 있음을 알고 있었지만, 어찌된 셈인지 하나도 생각이 나지 않았습니다. 나는 멍하니 청중만 바라보며 서 있었습니다. 머릿속이 텅 빈 것 같았습니다.

몇 분간의 침묵이 흐른 뒤, 그 회관의 책임자인 잭 블랜치가 내게로 걸어 나와 악수를 하고는 곧바로 나를 침실로 데려다 주었습니다. 그는 나에게 한숨 푹 자라고 말했습니다. 그러고 나서 그는 곧 청중을 해산시켰고 그날 저녁 모임은 끝이 났습니다.

무엇이 나의 문제였습니까? 내가 할 일을 몰랐던 것이었습니까? 아닙니다. 나는 내가 할 일을 분명히 알고 있었습니다. 의지력의 문제였을까요? 아닙니다. 나는 청중에게 기꺼이 말씀을 전하려 하였습니다. 그렇게 된 것은 단순히 체력을 다 소모해 버린 탓이었습니다. 나에게 필요했던 것은 또 한 번의 집회가 아니라 깊은 수면과 휴식이었던 것입니다.

비슷한 일이 노스웨스턴 대학교에 다닐 때도 있었습니다. 나는 주당 21시간이나 강의를 들어야 했는데, 그중 네 시간은 헬라어 신약이었습니다. 그것뿐만 아니라 평일에는 네 시간씩, 토요일에는 여덟 시간씩 트럭에 짐을 싣는 일을 해야 했습니다. 첫 수업이 오전 7시 15분에 시작되므로 전차를 타려면 6시 30분경에는 집을 나서야 했습니다. 경건의 시간을 갖고 아침 식사를 하고 등교하기 위해서는 최소한 아침 5시 30분에는 기상해야 했습니다. 오전 시간을 학교에서 보내고, 서둘러 점심을 먹고, 일터로 나갔다가, 집에 돌아와 저녁을 먹고, 그 다음엔 한밤중까지 공부했습니다. 이뿐 아니라, 나는 이런저런 여러 활동에도 열심히 참여했습니다. 이러한 활동들 모두가 나의 시간과 체력을 소진시켰습니다.

나는 여러 달 동안 이러한 일정을 지속했습니다. 나는 젊고 패기가 있었기 때문에 그것에 대해 별반 다른 생각이 없었습니다. 그러다가 어느 날 아침 강의실에 앉아 있다가 그만 의자에서 떨어지고 말았습니다. 완전히 탈진되어 버렸던 것입니다. 나의 체력은 바닥이 나고 말았습니다. 몇 친구들이 나를 집으로 데려다가 침대에 뉘었는데, 나흘 정도는 일어나지도 못하고 누워 있었습니다.

다시 학교에 나가게 되자 학교 보건 진료소의 간호사가 진료소로 나를 부르더니 휴식을 취해 가면서 생활해야 한다고 일러 주었습니다. 하지만 나는 그렇게 하지 않았습니다. 내가 자란 아이오와 농장에서는 "열심히 일한다고 죽지는 않는다", "일찍 일어나는 새가 벌레를 잡는다" 등등의 말들을 귀에 못이 박히도록 들었습니다. 농장에서는 자신을 돌보는 것에 대해 별로 크게 신경쓰지 않았습니다. 그럴 필요도 없었습니다. 밭에 나가기만 하면 싱싱한 채소들을 얼마든지 뽑아다 먹을 수 있었고, 우리가 기른 가축들을 잡아먹을 수 있었고, 우리 손으로 신선한 우유도 마음껏 짜 먹을 수 있었습니다. 게다가 우리는 일찍 잠자리에 들어 충분한 수면을 취했고, 온종일 열심히 일함으로써 운동이 저절로 되었습니다.

우리 집이 소도시로 이사하게 되자 나는 야구, 농구, 육상 등 소도시의 고등학생들이 일상적으로 하는 운동들을 하게 되었습니다. 고등학교를 마치고 나서는 해병대에 입대했습니다. 제2차 세계대전 중 남태평양 전투에서 무릎에 유탄을 맞아 더 이상 뛸 수 없을 정도의 중상을 입었습니다. 그리하여 수년 동안 나는 운동을 하지 못하고 지냈습니다.

1956년 가을부터 나는 매일 두통으로 시달리기 시작했습니다. 그것을 없애 달라고 주님께 계속 간구하였으나 아무 응답도 없었습니다. 나는 염려하기 시작했습니다. 무엇이 잘못되었단 말인가? 어느 날 나는 선교사인 딕 시몬스와 이야기를 나누게 되었습니다. 딕은 헤비급 레슬러 출신으로서 신체 건강에 대하여 큰 관심을 가지고 있었습니다. 그는 내게 몸을 관리하기 위해 무슨 운동을 하고 있느냐고 물어 왔고, 나는 더 이상 운동을 할 수 없게 되어 지금은 아무것도 하지 않고 있다고 대답했습니다. 딕은 나를 체육관으로 데려갔습니다. 그는 무릎을 상하지 않고도 할 수 있는 운동을 가르쳐 주었습니다. 그와의 만남을 통하여 나는 수년에 걸쳐 크게 도움을 받았고, 나의 삶은 완전히 바뀌게 되었습니다. 그 일을 통하여 내가 발견한 중요한 사실은 자기 몸을 잘 관리해야 한다는 것이었습니다. 운동을 시작하면서 두통은 곧 사라져 버렸고, 다시는 재발되지 않았습니다. 오늘날 나는 적절한 영양 관리와 규칙적인 운동, 그리고 충분한 휴식의 가치를 굳게 믿고 있습니다.

확실히 자기 훈련은 우리의 신체 건강에 필수적입니다. 그러면 우리의 체력과 활력, 힘의 궁극적 원천은 무엇입니까? 성경은 우리에게 해답을 가르쳐 주고 있습니다.

너는 알지 못하였느냐? 듣지 못하였느냐? 영원하신 하나님 여호와, 땅 끝까지 창조하신 자는 피곤치 아니하시며 곤비치 아니하시며 명철이 한이 없으시며 피곤한 자에게는 능력을 주시며 무능한 자에게는 힘을 더하시나니, 소년이라도 피곤하며 곤비하며 장정이라도 넘어지며 자빠지되, 오직 여호와를 앙망하는 자는 새 힘을 얻으리니 독수리의 날개 치며 올라감 같을 것이요 달음박질하여도 곤비치 아니하겠고 걸어가도 피곤치 아니하리로다. (이사야 40:28-31)

본문은 건강과 운동이 서구사회에서는 실질적으로 하나의 종교가 되다시피 한 요즈음에 크게 도움이 되는 말씀입니다. 어떤 운동화를 살 것인가, 다이어트 계획으로 무엇을 따를 것인가, 어떤 헬스클럽에 가입할 것인가와 같은 문제들은 수많은 사람들에게 중요한 관심거리가 되어 왔습니다.

그러나 시편의 말씀들은 우리가 올바른 시야를 유지하는 데 도움을 줍니다. "하나님이 한두 번 하신 말씀을 내가 들었나니, 권능은 하나님께 속하였다 하셨도다"(시편 62:11). 신체적인 것도 그렇고 영적인 것도 그렇고, 모든 에너지의 원천은 하나님이십니다. 이것을 염두에 둘 때, 우리는 어떤 인간적인 고안이나 계획, 또는 하나님 이외의 다른 어떤 것 등 2차적인 것을 의지하려는 올무에 빠지지 않게 됩니다. 결단코 피곤치 아니하시는 분이신 하나님께서는 피곤해지기 쉬운 사람들에게 힘을 주십니다. 우리를 향한 하나님의 말씀은 분명합니다. "두려워 말라. 내가 너와 함께함이니라. 놀라지 말라. 나는 네 하나님이 됨이니라. 내가 너를 굳세게 하리라. 참으로 너를 도와주리라. 참으로 나의 의로운 오른손으로 너를 붙들리라"(이사야 41:10).

야곱이 요셉을 축복한 말 속에는 하나님을 이스라엘의 반석인 목자로 지칭한 흥미 있는 대목이 나옵니다(창세기 49:24 참조). 사람이 그의 삶을 만세반석 위에 세우고, 주님께서 그의 목자 되심을 깨닫게 되면, 그의 삶은 새로운 맛과 멋을 지니게 됩니다. 현대인의 마음속에 있는 두려움, 죄의식, 수치심, 불안, 기타 많은 고질병들 역시 인간의 신체적인 에너지를 심각하게 빼앗아 가는 것들입니다. 그러나 우리의 회개와 믿음에 응답하여 하나님께서 우리를 용서하시고 구속하시고 의롭다 하실 때에는 전적으로 새로운 삶이 시작됩니다. 나는 힘없고 무기력하고 생기를 잃었던 사람들이 새로운 영적 출생을 경험하고 나서, 갑자기 신체적으로도 활기를 되찾는 것을 보아 왔습니다.

우리는 실로 놀랍도록 신묘막측하게 만들어졌습니다(시편 139:14). 우리는 고도로 복잡한 구조를 지니고 있습니다. 신체적인 영역과 영적인 영역 사이에는 밀접한 연관이 있습니다. 나는 영적인 활력이 신체적인 활력으로 전환되는 것과 그 역으로 신체적인 활력이 영적인 활력으로 전환되는 것도 보아 왔습니다.

하나님께서는 평범한 것과 특별한 것이라는 두 가지 주된 수단을 통해 우리가 매일매일 필요로 하는 힘을 전달해 주십니다. 하나님께서는 그분의 백성들에게 특별한 방법으로 힘을 공급해 주십니다. 한 가지 예가 신명기 33:25의 약속에서 발견됩니다. "네 문빗장은 철과 놋이 될 것이니, 네 사는 날을 따라서 능력이 있으리로다." 그리스도인들이여, 오늘 당신에게 다소 힘겹게 보이는 일이 있습니까? 하나님께서는 당신에게 힘을 주실 수 있습니다. 하나님께서는 당신이 감정적인 짐을 지고 있을 때나 영적인 시련에 직면하게 될 때 당신을 도우실 수 있는 것처럼 매일에 필요한 충분한 체력을 공급해 주실 수 있습니다. 시편 기자는 이렇게 말했습니다. "여호와께서 자기 백성에게 힘을 주심이여, 여호와께서 자기 백성에게 평강의 복을 주시리로다"(시편 29:11).

히브리서 11:34에서는 믿음의 용사들에 대하여 이렇게 묘사합니다. "불의 세력을 멸하기도 하며, 칼날을 피하기도 하며, 연약한 가운데서 강하게 되기도 하며, 전쟁에 용맹되어 이방 사람들의 진을 물리치기도 하며." 이 말씀은 다분히 신체적인 상황에 대한 묘사입니다. 당신과 나는 주님으로부터 이와 똑같은 도움을 기대할 수 있습니다. 그러나 주님께서도 우리에게 어떤 것들을 기대하십니다. 주님을 앙망하는 것입니다. 주님께서는 주님을 앙망하는 사람들에게 새 힘을 주실 것을 약속하셨습니다.

우리는 우리 앞에 당한 경주를 경주할 때, 끊임없이 예수님을 바라보아야 합니다(히브리서 12:1-2). 예수님을 바라보기 위해서는 성경공부, 암송, 묵상 등을 통한 지속적인 말씀 섭취 및 기도와 같은 기본적인 삶의 훈련이 필요합니다. 삼손이 통회하는 마음으로 기도하자 하나님께서는 그가 죄로 잃어버렸던 신체적인 에너지를 다시 회복시켜 주셨습니다.

하나님께서는 기도와 믿음과 같은 초자연적인 수단을 통하여 그분의 백성들에게 신체적인 힘과 에너지를 주실 수 있다는 것은 두말할 필요도 없을 정도로 명백합니다. 한편, 그와 마찬가지로 평범한 수단이 있다는 것도 성경에 밝히 드러나 있습니다. 사무엘상 14장에 나오는 요나단의 이야기는 이 사실을 분명하게 보여 줍니다. 요나단은 블레셋과의 싸움에서 기진맥진해지자 꿀을 조금 찍어 먹고 힘을 회복하였습니다(27-29절). 그가 필요로 했던 것은 오직 힘을 회복하기 위한 약간의 영양 섭취뿐이었습니다. 하나님께서는 그가 다시 전투를 할 수 있도록 꿀을 사용하사 그의 혈당량을 높여서 원기를 회복하도록 하셨던 것입니다.

사도 바울은 하나님께서 우리의 경주를 도우사 우리로 영적 전쟁에서 계속 싸울 수 있도록 하시기 위해 사용하시는 평범한 수단을 강조했습니다.

운동장에서 달음질하는 자들이 다 달아날지라도 오직 상 얻는 자는 하나인 줄을 너희가 알지 못하느냐? 너희도 얻도록 이와 같이 달음질하라. 이기기를 다투는 자마다 모든 일에 절제하나니, 저희는 썩을 면류관을 얻고자 하되 우리는 썩지 아니할 것을 얻고자 하노라. 그러므로 내가 달음질하기를 향방 없는 것같이 아니하고, 싸우기를 허공을 치는 것같이 아니하여, 내가 내 몸을 쳐 복종하게 함은 내가 남에게 전파한 후에 자기가 도리어 버림이 될까 두려워 함이로라. (고린도전서 9:24-27)

우리는 마치 강훈련을 받는 운동선수처럼 우리의 신체를 단련시켜야 할 필요가 있습니다. 올바른 식사 습관과 규칙적인 운동을 통한 신체 관리는 하나님께서 우리의 건강을 유지시켜 주시는 평범한 과정입니다.

딕 시몬스가 나에게 규칙적인 운동 계획을 소개해 준 것과 거의 같은 시기에, 나는 아이오와 주립 대학교에서 영양학을 공부한 케이 마셜 부인을 만났습니다. 그녀는 다양한 음식들의 화학성분에 대해 내게 설명해 주었습니다. 나는 여러 가지 음식물들을 비타민, 무기질, 단백질 등에 따라 분류해 놓은 책 한 권을 구입하였습니다. 그 책은 식생활 습관에 지속적인 변화를 주었고, 주의를 하게 만들었습니다.

사람마다 수면, 휴식, 여가에 대한 필요가 각각 다릅니다. 그러므로 우리는 자신에게는 어떤 신체적인 리듬이 최적인가를 알아야 할 필요가 있습니다. 자신에게 맞는 생활 리듬을 유지해야지 마음대로 내버려 두어서는 안 됩니다. 수십 년 동안 나는 주일을 영적으로, 또한 신체적으로 소성함을 얻는 날로 사용하고 있는데, 이것이 매우 중요함을 실감하고 있습니다.

나는 심장과 폐를 강화시켜 주는 운동과 근육을 튼튼하게 해주는 운동의 차이점을 안 이후로, 나의 운동 계획 속에 둘을 다 넣으려고 시도해 왔습니다. 나는 왼쪽 무릎의 제한 때문에 조깅을 할 수가 없습니다. 그렇지만 일정한 코스를 꾸준히 걸음으로써 주님의 도우심 가운데 지금까지 건강을 잘 유지해 올 수 있었습니다. 걷는 동안 나는 녹음된 성경 말씀을 듣습니다. 그 시간은 소성함을 얻기에 매우 좋은 시간입니다.

주님을 잘 섬기기 위해서는 체력과 인내가 요구됩니다. 영적인 일을 할 때도 상당한 체력이 필요합니다. 그동안 꾸준히 적절한 영양 섭취와 휴식 및 운동을 유지해 온 결과, 나는 바쁜 일정과 수시로 부닥치는 어려운 문제들, 그리고 내게 지워진 막중한 직무에도 불구하고 계속 주님의 일꾼으로서 믿음의 경주를 계속할 수 있었습니다. 확신하건대 이 모두가 다 하나님의 은혜입니다. 그리스도인으로서, 우리는 우리 몸에 대한 하나님의 관점을 늘 마음에 두어야 합니다.

너희 몸은 너희가 하나님께로부터 받은 바 너희 가운데 계신 성령의 전인 줄을 알지 못하느냐? 너희는 너희의 것이 아니라 값으로 산 것이 되었으니, 그런즉 너희 몸으로 하나님께 영광을 돌리라.
(고린도전서 6:19-20)

제10장
재생산하는 일꾼들을 생산함

일꾼은 대단히 많이 필요합니다. 그런데 이런 일꾼들은 어디서 옵니까? 당신과 내가 세상에서 일꾼을 생산해 내는 일을 돕기 위해 할 수 있는 일이 있을까요? 물론입니다. 가장 우선적인 일은 기도하는 일입니다. 왜냐하면 결국 일꾼은 하나님께서 보내 주시기 때문입니다.

기도는 일꾼 부족에 대한 예수님의 가장 근본적인 해결책이었습니다(마태복음 9:38). 우리는 사람이나 방법을 의지해서는 안 됩니다. 훌륭한 조직이나 프로그램을 의지해서도 안 됩니다. 이 세상이 제안해 오는 멋진 아이디어들을 의지해서도 안 됩니다. 사회 각 분야의 일반 전문가들이 쓴 책이나 비즈니스 및 경영 관련 잡지에 나오는 내용들이 사고에 자극을 주고 실제로 도움이 될 수도 있겠지만, 이러한 것들을 근본적인 해결책으로 삼으려 해서는 안 됩니다. 우리는 기도 가운데 하나님을 바라보고 성경 연구를 통해 그 문제에 관한 주님의 생각이 어떠한지 알아보아야 합니다. 그렇다면 추수하는 일에 어떻게 하면 부흥이 일어나겠습니까? 그 출발점은 마땅히 그리스도의 지상사명이어야 합니다.

예수님께서는 길 잃고 헤매다 죽어 가는 세상 사람들에게 구원과 영생을 주기 위해 오셨습니다. 그 과정에서 주님께서는 제자들을 징모하여 도와주셨습니다. 그들의 삶은 무수히 계속될 영적 세대의 기초가 될 것입니다. 그들은 다른 사람들을 주님께로 인도하고 훈련함으로써 세상에 대한 그들의 영향력을 배가할 것입니다. 그들이 돕고 훈련시킨 사람들은 그들을 본받아 다시 같은 과정을 반복할 것입니다. 바울은 그것을 이런 식으로 표현하였습니다. "또 네가 많은 증인 앞에서 내게 들은 바를 충성된 사람들에게 부탁하라. 저희가 또 다른 사람들을 가르칠 수 있으리라"(디모데후서 2:2).

하나님께서 목표로 하신 것은, 제자삼는 일보다 한 단계 더 나아간 사역을 하는 사람들을 통해 영적으로 자질을 갖춘 일꾼들을 계발하는 것이었습니다. 그들의 사역은 가장 완전한 의미에서의 제자라 할 수 있는 사람들, 곧 다른 사람들을 제자로 삼는 사람들을 배가하는 일입니다. 다시 말하여 일꾼을 배가하는 것입니다. 만약 그 이하의 일을 한다면, 바울이 디모데에게 가르쳤던 영적 배가의 원리(디모데후서 2:2)는 완전히 놓치게 되고 결국 아무 열매 없는 사역으로 끝나고 만다는 사실을 그들은 잘 알고 있습니다. 도슨은 '감정으로 활동을 대신할 수 없고, 활동으로 생산을 대신할 수 없으며, 생산으로 재생산을 대신할 수 없다'는 말을 우리에게 자주 들려주곤 하였습니다. 그의 초점은 **재생산하는 사람들을 생산하는 것**에 있었습니다.

우리는 하나님께서 일꾼들을 사용하셔서 초신자가 제자로 성장하도록 도우신다는 것을 이미 살펴보았습니다. 그러면 하나님께서는 누구를 사용하셔서 일꾼이 이 일을 할 수 있도록 무장시키십니까? 바울은 에베소서 4:11-12에서 다음과 같이 말합니다. "그가 혹은 사도로, 혹은 선지자로, 혹은 복음 전하는 자로, 혹은 목사와 교사로 주셨으니, 이는 성도를 온전케 하며 봉사의 일을 하게 하며 그리스도의 몸을 세우려 하심이라." 여기서 바울은 그리스도의 몸을 세우기 위해 성도를 온전케 하여 봉사의 일을 하게 하는 특정한 사람들을 언급하고 있습니다. 그들은 '제자삼는 자를 길러 내는 사람' 또는 '일꾼을 생산하는 사람'입니다. 간단히 말하면 '무장자(武裝者)'입니다. 무장자란 주님의 일을 할 수 있도록 성도들을 온전케 하는 사람, 성도들을 갖추어 주고 준비시키고 무장시켜 주는 사람입니다. 무장자는 자신도 일꾼입니다. 하나님께서는 이 무장자들을 사용하셔서 제자를 무장시켜 일꾼이 되게 하십니다.

무장자가 반드시 명심해야 할 몇 가지 영적인 경고가 있는데, 이는 틀림없이 어두움의 세력들이 그와 그의 사역을 무너뜨리려고 할 것이기 때문입니다.

첫째 경고는, 장래의 일꾼이 무장자에게 피동적으로, 또 바람직하지 않게 의존만 하는 사람이 되지 않도록 해야 한다는 것입니다. 오히려 장래의 일꾼으로 하여금 주님의 부르심에 견고히 서서 주님께 대한 자기의 개인적인 책임을 늘 충성스럽게 수행하도록 해주십시오. 주님께 대한 그의 가장 기본적이고 중요한 책임은, 지속적으로 주님과 친밀한 교제를 하는 것, 하나님의 말씀을 부지런히 공부하고 순종하는 것, 늘 마음을 새롭게 하여 그리스도의 주재권에 헌신하는 것 등입니다. 또한 자신의 삶에 대한 책임들도 잘 감당해야 합니다. 유다서 3,20,21절에서, "믿음의 도를 위하여 힘써 싸우라"고 권하면서, "너희의 지극히 거룩한 믿음 위에 **자기를 건축하며**, 하나님의 사랑 안에서 **자기를 지키라**"고 권면한 것은 바로 이 점을 두고 한 말입니다.

무장자가 명심해야 할 두 번째 경고는, 자신을 사역의 기술에 정통한 '사역 기술자'로 보지 말라는 것입니다. 그보다는 당신의 삶의 자질들을 계발하는 데에 역점을 두십시오. 그러면 하나님께서 그것들을 사용하셔서 당신의 제자를 효과적인 일꾼으로 만드실 것입니다. 예수님께서는 제자들에게 모든 사람의 종이 되라고 가르치셨습니다(마가복음 10:44). 예수님께서는 잃어버린 자들을 불쌍히 여기는 모본을 몸소 보이셨습니다(마태복음 9:36). 믿음의 삶을 강조하셨습니다(마태복음 21:21-22). 사랑에 우선권을 두셨습니다(요한복음 13:34-35). 이러한 내적 자질들에 대한 목록은 얼마든지 열거할 수 있을 것입니다. 그러나 놀라운 일은, 예수님께서 제자들에게 사역의 기술에 대해서는 거의 말씀하시지 않았다는 것입니다. 예수님께서는 관심의 초점을 사역의 방법보다는 사람에게 두셨습니다. 사역의 목표 성취를 위해 사람들을 이용해서는 안 됩니다. 각 사람을 진정으로 사랑하고 도와주며 온전케 하고 준비시키며 무장시켜 주어야 합니다. 그러면 자연스럽게 사역의 목표는 성취됩니다.

무장자에 대한 세 번째 경고는, 그렇다고 해서 과잉 반응을 보여 사역의 기술을 가르쳐 주는 일의 가치를 과소평가하지 말라는 것입니다. 결국, 어떤 직종에서 일하는 일꾼이든지 자기 일에 숙달되는 것이 필요합니다. 벽돌공은, 자신이 사랑 많은 아버지요 남편이라는 것 때문에 훌륭한 벽돌공이 되는 것은 아닙니다. 목수도 집 없는 사람을 불쌍히 여기는 마음을 가졌다고 해서 훌륭한 목수가 되는 것은 아닙니다. 이처럼 무장자도 일꾼들로 하여금 추수하는 훌륭한 일꾼들이 되도록 훈련을 시켜야 하는 것입니다. 일꾼들이 자기의 일에 능숙해져 있으면, 추수를 더 빨리, 더 능률적으로 할 수 있을 것입니다.

무장자에 대한 네 번째 경고는, 이 훈련이 '진공 상태'에서 이루어질 수 없다는 사실을 기억하라는 것입니다. 훈련은 삶과 분리되어 그것만 홀로 할 수는 없습니다. 반드시 삶의 현장에서의 실천으로 이어져야 합니다. 나는 무장자가 된 지 얼마 안 되어 이 면에서 잘못에 빠져 비참한 결과를 맛본 적이 있습니다. 나는 배우는 데 열심이 많은 어떤 사람을 만났습니다. 나 또한 내가 배운 내용들을 그에게 기꺼이 나누어 줄 마음이 있었기 때문에 여건은 아주 좋았습니다. 그래서 우리는 우리 집에서 매주 한 시간씩 만나기로 하였습니다. 나는 네비게이토 수양회에 여러 번 참석했기 때문에 말씀의 중요성, 성경 암송, 순결한 삶, 증거, 양육, 일대일 훈련, 그리고 세계 비전 등과 같은 주제에 관해 기록해 놓은 것들이 많이 있었습니다. 나는 나의 노트에 적어 놓은 내용들을 그대로 그에게 가르쳤고, 그는 그의 노트에 그것들을 받아 적었습니다. 우리는 함께 알찬 시간들을 보냈습니다. 정말 뿌듯했습니다.

그 시간들은 그 내용들을 나누는 나에게나 그것들을 받아 적는 그에게나 다 축복이 되었습니다. 그 내용들은 필수적이고 중요한 진리들이었으므로, 우리는 둘 다 큰 열심을 내었습니다. 그러나 훈련은 거기까지뿐이었습니다. 그걸로 끝이었습니다. 내가 노트에 정리해 놓은 것들을 다 사용하고 나자, 그는 노트를 덮어 버렸고, 훈련은 흐지부지되어 버렸습니다. 그는 내가 전해 준 모든 내용에 대해 감사하게 생각하기는 했으나 그에게서 그것을 배우고자 하는 사람이 없었기 때문에 별 소용이 없었습니다. 그는 내가 자기의 영적 진리의 창고를 부요하게 만들어 준 것에 대해 만족하였을 뿐, 영적 추수의 실제 현장에 들어가 일하는 것을 배우지 못하였던 것입니다. 그는 '세계 비전'에 대한 기록은 가지고 있었지만, 실제로 세계를 향한 비전은 없었습니다. 조용하고 학구적인 분위기 속에서 그것에 대한 지식만 배워 알고 있을 따름이었습니다. 그런 식으로 배우는 데는 잃어버린 영혼에 대한 사랑도, 희생적인 삶도, 믿음으로 사는 것도 필요치 않았습니다. 그저 일주일에 한 시간만 내는 훈련으로 족했습니다.

　일이 그렇게 되고 난 후, 나는 사역을 확장시키지도 못했고, 일꾼의 부족을 채우는 데 아무런 도움도 되지 못했음을 알았습니다. 나의 문제점은 일꾼을 훈련시키는 데 있어서 전도가 얼마나 중요한 위치를 차지하고 있는지를 이해하지 못한 것이었습니다. 그 이후로 나는 전도가 없는 곳에는 김이 빠진 듯한, 무미건조하고, 기계적인 사역만이 있을 뿐이라는 사실을 깨닫게 되었습니다.

그러면 무장자는 장래의 일꾼을 어떻게 훈련시킵니까? 몇 가지 간단하면서도 효과적인 훈련 방법을 제시합니다. 다음은 재생산하는 사람을 생산하는 일을 위해 입증된 방법들입니다.

(1) 첫 번째 핵심적인 방법은 현장 훈련입니다. 전도하러 갈 때 장래 일꾼이 될 사람을 데리고 가십시오. 처음 한두 번은 그 일꾼 후보생은 가만히 관찰만 하면 됩니다. 몇 차례 함께 전도를 한 뒤, 무장자는 그에게 구원 간증을 해보도록 권유합니다. "존, 어떻게 해서 그리스도를 믿게 되었는지 얘기 좀 해주시지요." 전도가 끝나면 무장자는 그가 한 간증에 대해 이야기하면서, 그것을 보다 명확하고 효과적으로 전달할 수 있도록 수정해 줍니다. 먼저 그것을 적어 보도록 하는 것도 도움이 됩니다. 그 다음에 무장자가 보완할 점을 제안해 줄 수도 있습니다.

다음 단계는 훈련 중인 장래의 일꾼으로 하여금 무장자가 지켜보는 가운데 실제로 복음을 전해 보도록 하는 것입니다. 물론 그것이 끝나면 무장자는 그가 한 전도에 대해 평가하면서 필요에 따라 적절한 제안을 해줍니다. 마침내 원숙기에 다다르면 그 일꾼도 다른 후보생을 데리고 다니면서 전도 훈련을 시킬 수 있게 될 것입니다.

이 모든 과정의 결과로 나타나는 것은 무엇일까요? 잃어버린 사람들에 대한 사랑입니까? 그렇습니다. 나는 그 점을 확신합니다. 하나님께서는 추수하는 일꾼들이, 하나님을 떠나 소망 없이 살아가는 불쌍한 사람들에게 끊임없이 나아가 복음을 들려주기를 원하십니다. 우리가 그들에게 나아갈 때 주님께서는 우리 마음이 불쌍히 여기는 마음으로 가득하기를 바라십니다. 또한 꾸준히 복음을 전할 때 그 결과 성경 암송의 가치를 확신하게 됩니다. 일꾼은 영적인 문제에 대해 의문을 가지고 있는 사람에게 전도할 때, 암송한 말씀이 얼마나 가치 있는가를 알게 됩니다. 그리고 믿음이 더욱 견고해집니다. 하나님을 더욱 의지하게 됩니다. 더욱 기도하게 됩니다. 그렇습니다. 이것들은 하나님과 더불어 동행하는 삶에 있어 매우 중요한, 절대적인 필수 요소입니다.

우리가 매일매일 살아가는 삶의 현장인 세상이라는 전장에서 교훈을 배워 갈 때, 우리는 우리가 배운 것에 대해 새로운 이해를 얻게 됩니다. 추수하는 일은 노트에 적힌 것을 그대로 전달해 주는 데서가 아니라, 실제 삶을 통하여 이루어집니다. 추수하는 일은 흥미 있는 영적인 정보들을 구색에 맞게 갖춰 놓는 일이 아니라, 살아 있는 삶의 현장 속에서 이루어져야 합니다. 현장 훈련이 일꾼 계발의 필수 요소라고 하는 이유가 바로 여기에 있습니다. 훈련받고 있는 일꾼은 무장자의 삶과 사역에 동참할 때, 자신이 배우고 있는 영적 원리들을 잘 파악하고 이해하게 되는 것입니다.

(2) 일꾼 계발을 위한 또 하나의 열쇠는 **기도**입니다. 아내와 함께 미국 중서부에서 네비게이토 사역을 하고 있을 때, 우리 집에는 함께 사는 많은 일꾼 후보생들이 있었습니다. 이들은 내가 그 지역의 여러 학교에서 만난 젊은이들로서 일생을 하나님 나라의 일꾼으로 살고자 하는 열망을 보여 오던 사람들이었습니다. 오늘날 그들은 세계 여러 곳에 흩어져, 제자삼는 사역을 통하여 그리스도를 온 세상에 전파하고자 하는 큰 열망을 가진 젊은이들을 위해 자신을 드리고 있습니다.

이들이 우리 집에 들어온 직후에, 나는 출애굽기 17:11을 암송했습니다. "모세가 손을 들면 이스라엘이 이기고 손을 내리면 아말렉이 이기더니." 여호수아가 아말렉과 치열한 싸움을 벌이긴 했으나, 아말렉을 물리친 것은 기도의 능력이었습니다. 나는 이 구절로부터 영적인 적용을 이끌어 내어 실행에 옮겼습니다. 그 결과, 하나님께서 이를 통하여 이 젊은이들을 영적으로 자라게 하시고 일꾼으로 무장시켜 주셨다고 믿습니다. 아침마다 나는 일찍 일어나 기도하기 시작했습니다. 나는 아직 자고 있는 이들 각 사람을 마음속으로 생생하게 그려 보면서 한 사람씩 한 사람씩 은혜의 보좌 앞에 데리고 나갔습니다. 아침마다 나는 봅, 짐, 래리, 단, 마빈, 러쓰, 칼, 레이를 위해 기도했습니다. 그들이 자고 있는 동안에 나는, 마음속으로 그들을 침대에서 안고 나와 기도로 주님 앞에 나아갔습니다. 나는 이러한 일이 다소 이상하게 들릴 수도 있을 같아 이것에 대하여 이야기하기를 망설여 왔습니다. 그러나 그러한 아침 기도들을 하나님께서 사용하사 이 사람들로 무르익은 세상의 추수 터에서 추수하는 헌신된 일꾼이 되게 하셨음을 나는 굳게 믿습니다.

(3) 무장의 세 번째 열쇠는 **본을 보이는 것**입니다. 예수님께서는 제자들에게, "나를 따라오너라. 내가 너희로 사람을 낚는 어부가 되게 하리라"(마태복음 4:19)고 말씀하셨습니다. 무장자는 자신이 전하는 메시지를 본으로 보여 주어야 합니다. 예수님의 사역을 본보여 주어야 합니다.

예수님께서는, "나에게 귀를 기울이라"고만 말씀하신 것이 아닙니다. 많은 사람들이 예수님의 말씀을 들음으로 큰 축복과 유익을 맛보았습니다. 그러나 예수님께서는 말씀을 들려주시는 것 이상의 일을 하셨습니다. 예수님께서는 그 말씀대로 사셨습니다.

예수님께서는 모본이 되셔서 본을 보이셨습니다. 우리가 예수님의 말씀에 대해 백성들이 한 말을 기억할 때, 이것은 대단히 의미심장합니다. "그 사람의 말하는 것처럼 말한 사람은 이 때까지 없었나이다!"(요한복음 7:46). 예수님의 말씀에는 권세가 있었습니다(마가복음 1:22,27 참조). 그럼에도 불구하고, 예수님께서는 "나에게 귀를 기울이라"고 말씀하시지 않았습니다. 예수님께서는 "나를 따라오너라"고 말씀하셨습니다. 일꾼을 무장시키는 사람이라면 누구라도 이와 같이 본을 보여야 하는 것입니다. 사도 바울은 이해할 수 있는 분명한 말로 이 원리를 표현하였습니다. "너희는 내게 배우고, 받고, 듣고, 본 바를 행하라. 그리하면 평강의 하나님이 너희와 함께 계시리라"(빌립보서 4:9).

결국 일꾼을 계발하는 이는 하나님 자신이십니다. 예수님께서는 "너희가 나를 택한 것이 아니요 내가 너희를 택하여 세웠나니, 이는 너희로 가서 과실을 맺게 하고 또 너희 과실이 항상 있게 하여, 내 이름으로 아버지께 무엇을 구하든지 다 받게 하려 함이니라"(요한복음 15:16)고 말씀하셨습니다. 추수하는 일에 있어서 하나님의 주권은 여러 면에서 밝히 드러납니다.

첫째, 하나님께서 자기 일꾼들을 택하셔서 추수 터로 보내십니다.
둘째, 하나님께서 그들로 '새 언약의 일꾼'이 될 수 있게 해주십니다. "우리가 무슨 일이든지 우리에게서 난 것같이 생각하여 스스로 만족할 것이 아니니, 우리의 만족은 오직 하나님께로서 났느니라. 저가 또 우리로 새 언약의 일꾼 되기에 만족케 하셨으니, 의문으로 하지 아니하고 오직 영으로 함이니, 의문은 죽이는 것이요 영은 살리는 것임이니라"(고린도후서 3:5-6).

셋째로, 일꾼들에게 맡은 일을 할 수 있도록 능력을 주시는 이도 하나님이십니다. "우리가 이 보배를 질그릇에 가졌으니, 이는 능력의 심히 큰 것이 하나님께 있고 우리에게 있지 아니함을 알게 하려 함이라"(고린도후서 4:7).

넷째로, 일꾼들로 하여금 영적 은사를 발견하고, 사용하고, 계발하도록 도우시는 이도 하나님이십니다. "은사는 여러 가지나 성령은 같고, 직임은 여러 가지나 주는 같으며, 또 역사는 여러 가지나 모든 것을 모든 사람 가운데서 역사하시는 하나님은 같으니, 각 사람에게 성령의 나타남을 주심은 유익하게 하려 하심이라"(고린도전서 12:4-7).

무장자의 사역은 믿음의 역사요, 사랑의 수고입니다(데살로니가전서 1:3 참조). 그의 눈은 주님께 고정되고, 그의 마음은 그가 돕고 있는 사람들을 향해 있습니다. 바울이 갈라디아 사람들에게 말한 것같이, "사랑으로 서로 종노릇하십시오"(갈라디아서 5:13). 무장자는 자신을, 그가 돕고 있는 사람들을 위해 기꺼이 '재물을 허비하고 또 자신까지 허비하는' 종으로 여깁니다(고린도후서 12:15). 개인의 영광이나 유익을 탐하는 자기중심적인 사람은 무장자가 될 수 없습니다. 예수님께서 친히 본으로 보여 주신 겸손과 희생, 종의 마음이 효과적인 무장 사역의 열쇠가 되는 요소들입니다. 이러한 요소들은 주님을 위해서 일평생 추수하는 일을 할 일꾼들을 재생산하는, 능력 있는 무장자가 되기 위해서는 반드시 있어야 할 것들입니다.

제11장
동기를 부여함

하나님께서는 생명이 없는 곳에 생명을 주는 일을 하고 계십니다. 하나님께서는 동기력이 부족한 사람들을 회복시켜 주는 일을 위해 특정한 사람을 사용하십니다. 무장자, 즉 일꾼을 훈련시키는 사람은 동기를 부여하는 자가 되어야 합니다. 아무래도 추수하는 일은 고된 일입니다. 때로 훈련 중에 있는 일꾼이 지치거나 실망하여 두 손 들고 밭을 떠나고 마는 수도 있습니다. 그러나 일꾼이 무장자로부터 올바른 동기력만 부여받는다면 아무리 두려운 장애라도 뚫고 나아갈 수 있으며, 아무리 절망적인 환경이라도 통과해 나갈 수 있습니다.

제2차 세계대전 중, 오스트레일리아 해군은 무선 장비를 다룰 일단의 해안 관측병들을 징모하여 훈련시켰습니다. 그들은 쌍안경을 가지고 그들의 관측 지점을 계속 감시하는 임무를 맡아 일본군의 병력 움직임에 대해 보고하였습니다. 이러한 계획이 놀라운 성공을 거둔 이유는 뉴기니에서 뉴헤브리디스 제도에 이르기까지 장장 4천km에 걸쳐 초승달 모양으로 뻗쳐 있는 수십 개의 섬들에 지역적으로 배치되어 상주하는, 이 해안 관측병들이 특별한 용맹과 강한 동기력을 가지고 있었기 때문이라고 이구동성으로 말합니다.

제이콥 본자라는 군인은 그 이름난 해안 관측병들의 강한 동기력과 용맹을 보여 준 전형적인 인물이었습니다. 그는 1942년 8월에 과달카날 섬에서 임무를 마치고 돌아오다가 일본군 순찰대에 붙잡혔습니다. 일본 군인들이 그의 몸을 수색하던 중 미국 국기가 나왔습니다. 어떤 미국 해병이 준 것이었습니다. 일본군의 끈질긴 심문에도 그는 그들의 질문에 한마디도 대답하지 않았습니다. 그들은 그를 나무에 매달고 소총 개머리판으로 마구 쳤습니다. 그가 여전히 협조를 거부하자, 그들은 총검으로 그의 가슴을 다섯 번이나 찌르고, 군도로 그의 목을 찌르고 그를 죽게 내버려 두고 떠나갔습니다. 일본 군인들이 시야에서 사라지자 제이콥은 자기를 나무에 묶어 놓은 밧줄을 입으로 물어뜯어 끊고 반쯤은 비틀걸음으로, 반쯤은 기어서 5km나 떨어진 해병대 초소에 닿았습니다. 그곳에서 그는 피를 너무 많이 흘려 죽어 가면서 그 섬에 주둔한 적의 군사력에 관한 최상의 정보를 보고하였습니다.

오스트레일리아 해군은 이 해안 관측병들이 과달카날 섬을 구했으며, 그 과달카날 작전이 태평양을 구하고 그 덕분에 일본군의 오스트레일리아 본토 침입을 막았다고 평가했습니다. 목숨을 걸고 임무를 수행한 그들의 찬란한 업적의 열쇠는 그들의 헌신과 용맹, 그리고 동기력이었습니다. 사람들은 동기가 부여될 때, 어떤 어려운 문제라도 해결할 수 있으며 아무리 심각한 장애라도 헤쳐 나갈 수 있는 것입니다.

나도 개인적으로 그런 경험을 한 적이 있습니다. 1943년 9월 15일에 해병대에 입대하여 샌디에이고 신병훈련소에서 훈련을 받는 동안, 나는 '수영불가자'라 일컫는, 상당히 비웃음을 당하고 있는 훈련병들이 있다는 사실을 알게 되었습니다. 이들은 신병훈련소 수영 시험에 통과하지 못하여 수영을 못하는 사람으로 재구성된 소대로 보내지기 때문에 정식대로 신병훈련소 과정을 마치고도 퇴소할 수 없게 된 사람들이었습니다. 교관은 이런 식으로 유급이 되는 것은 죽기보다도 더 치욕적인 운명이라고까지 말했습니다. 이곳에서는 수영불가자 신세라는 말보다 더 큰 욕이 없었습니다.

나는 교관의 말을 듣고 큰일 났다 싶었습니다. 수영을 할 줄 몰랐기 때문입니다. 사실 그때까지 내 키를 넘는 물속에는 들어가 본 적도 없었습니다. 한창 자라던 어린 시절에 고향 마을 외곽에 있는 저수지에서 동네 아이들과 어울려 물장구 치고 멱 감고 하다가 결막염에 걸리고 한 적은 있지만 수영하는 법은 배운 적이 없었습니다.

나는 동료 소대원들과 함께 퇴소하기를 간절히 바랐기 때문에 어떻게 해서든지 그 수영 시험에 합격해야겠다고 굳게 마음먹었습니다. 시험은 수영장 맨 끝까지 헤엄쳐 갔다가 되돌아오는 것이었습니다. 시험 날이 되어 우리는 수영장까지 열을 맞춰 갔습니다. 드디어 내 차례가 되었습니다. 나는 겁을 물리치고 수영장에 뛰어들었습니다. 나는 팔을 저으며 발을 힘껏 찼습니다. 놀랍게도 몸이 물에 뜨면서 앞으로 나아가기 시작했습니다. 맨 끝까지 나아갔습니다.

방향을 바꾸어 되돌아오면서부터 팔과 다리에 힘이 빠지기 시작했습니다. 포기하고 싶은 충동을 느꼈습니다. 하지만 물속에서 기를 쓰고 발을 차면서 몸부림을 쳤습니다. 이러한 모습에 관심을 갖게 된 담당 교관이 격려하기 시작했습니다. 그는 메가폰으로 외쳐 댔습니다. "야, 신병, 힘껏 해봐. 할 수 있어! 포기하지 마! 계속해! 그래! 하나, 둘! 하나, 둘!" 그와 함께 동료들도 수영장의 양쪽에서 나를 응원해 주었습니다. 어느 새 전 소대원이 나를 응원하는 것이었습니다. 나는 필사적으로 전진했습니다. 만일 내가 해내지 못하면 그동안 정들었던 동료들과 같이 퇴소하지 못하게 되고 마는 것입니다. 나는 수영불가자들끼리만 모여 있는 낯선 소대로 배치되고 싶지는 않았습니다.

나는 물을 박차고 나갔습니다. 고군분투 끝에 메가폰으로 격려하는 교관과 소대원들의 응원 속에 마침내 해내고야 말았습니다. 정말 감격적인 승리였습니다! 그 일을 할 수 있게 한 비결은 무엇이었을까요? 정든 소대원들과 함께 있고 싶었고, 자랑스러운 미국 해병대에서 수영불가자라는 욕된 별명을 얻을 수는 없다는 강한 집념이 동기가 되었던 것입니다.

동기 부여는 승패를 좌우할 수 있습니다. 때로 그것은 생사를 결정할 만큼 큰 요인이 되기도 합니다. 고대 마야 인디언들은 높은 벽에 고리를 달아 놓고 거기에 공을 집어넣어 점수를 따는 시합을 했습니다. 그런데 벽에 새긴 부조를 보면 그 시합은 매우 특이한 점이 있었습니다. 진 팀의 주장―또는 팀 전체―이 신에게 제물로 바쳐졌습니다. 시합장으로 나가는 팀 멤버들 가운데 얼마나 큰 동기 부여가 되었을지는 가히 짐작할 만합니다.

그러면 일꾼들에게 동기를 부여할 수 있는 특별한 비결은 무엇이겠습니까? 제일 먼저, 본을 보여 주는 것입니다. 무장자는, '봉사의 일'을 위해 자신이 무장시키고자 하는 개인이나 그룹에 대해 가지고 있는 이상을 자기가 먼저 구현하지 않으면 안 됩니다. 바울은 빌립보 성도들에게, 자신이 그들에게 어떤 것들을 가르쳤을 뿐 아니라 보여 주기도 했다는 사실을 상기시켰습니다(빌립보서 4:9).

무장자는 일꾼과 함께 일할 때 기본적인 훈련 계획을 활용할 필요가 있음을 기억해야 합니다. 동시에, 그는 자신이 로봇과 함께하고 있는 것이 아님을 명심해야 합니다. 그는 인간의 삶에 관여하고 있는 것입니다. 그러므로 한창 일꾼으로 성장하는 사람과의 접촉은 기술적인 수준에만 머물러 있어서는 안 됩니다.

무장자는 친목을 위한 계획을 세워야 합니다. 이를테면 일꾼과 그 가족을 저녁 식사에 초대한다거나, 함께 소풍을 간다거나, 운동을 함께 하는 등 부담 없이 즐길 수 있는 것이 좋습니다. 일꾼으로 자라 가는 사람은 단지 사역을 성취하는 한 수단으로서가 아니라 한 인간으로서 대우받게 되면 훨씬 더 열정적인 반응을 보이게 될 것입니다.

각 일꾼은 추수에 대한 예수님의 비전을 자기 것으로 삼아야 합니다. 무장자는, 일꾼이 예수 그리스도의 지상사명에 고도로 전략적인 수준으로 참여하고 있음을 깨닫도록 도와주어야 합니다. 그리스도의 명령의 초점은 '제자를 삼으라'는 것입니다. 그 명령을 성취하는 열쇠는 일꾼입니다. 그러므로 일꾼은 그리스도의 세계 선교에 필수적인 고리입니다. 그는 사람들을 그리스도께로 인도하고, 또 진정으로 회개하고 믿은 사람들이 성숙하고, 헌신되고, 열매가 풍성한 제자가 되도록 돕는 일에 자기의 생을 투자하는 사람입니다.

자신이 그리스도의 지상사명의 성취에 중추적인 역할을 감당하고 있다는 사실을 깨닫는 것보다 동기 부여를 더 잘해 주는 것은 없을 것입니다. 마태복음 9:36-38에서, 목자 없는 양과 같이 고생하는 무리를 보시고 불쌍하고 가엾게 여기신 예수님께서는 제자들에게 이렇게 말씀하셨습니다. "추수할 것은 많되 일꾼은 적으니, 그러므로 추수하는 주인에게 청하여 추수할 일꾼들을 보내어 주소서 하라"(37-38절). 추수하는 주인이신 하나님께 "추수할 일꾼들을 보내어 주소서" 하고 기도하라고 하신 것입니다. 이처럼 영적 추수에서 일꾼은 중추적 위치를 차지하고 있습니다. 일꾼 후보생은 자신의 사역을 지상사명의 성취에 없어서는 안 될 필수 전략으로 보아야 합니다.

어떤 사람이 영적으로 자질을 갖춘 일꾼이 된다고 해서 일이 끝나는 것은 아닙니다. 그에게는 간간이 자극과 격려가 필요합니다. 내가 몇 년 동안 개인적으로 만나 도와주었던 일꾼이 한 사람 생각납니다. 영적으로 성장하여 사역의 기술을 갖추게 되자 적극적으로 사역에 뛰어들었습니다. 그는 사역에 몰두하게 되자 어느 누구와도 마음 깊은 교제를 나누지 못하게 되었습니다. 얼마 후, 그는 사역의 무거운 짐과 그를 영적으로 감독하는 지도자들의 요구, 그리고 동료들로부터 느끼는 압력 등으로 스스로 큰 부담감을 갖게 되고, 그로 말미암아 삶은 크게 위축되었습니다. 그가 처한 환경들은 그의 영적 삶을 매우 심하게 뒤틀어 놓고 이상하게 변질시켰습니다. 그를 보고 그의 말을 듣는 사람이라면 누구나 그가 언제 추수의 대열에 함께했었나 하고 의아해할 정도로 그는 변질되어 버렸습니다.

히브리서 10:23-24에 이렇게 말씀하고 있습니다. "또 약속하신 이는 미쁘시니 우리가 믿는 도리의 소망을 움직이지 말고 굳게 잡아, 서로 돌아보아 사랑과 선행을 격려하며." 일꾼이 흔들림이 없이 자신의 직무를 굳게 붙잡고 있도록 하기 위해서는 격려가 필요합니다. 일꾼의 수고에 대해 정기적으로 격려해 주는 것이 있어야 합니다. 때로 지친 영혼에 불을 붙여 줄 사람이 필요한 것입니다.

제자에게 추수의 필수 요소들을 가르쳐 주어야 할 시기는 그가 배우고자 하는 강한 동기와 열심을 보일 때입니다. 예수님께서 제자들에게 기도를 가르쳐 주신 시기를 주목해 보면 흥미롭습니다. 예수님께서는 이미 그들에게 많은 교훈을 주셨고, 많은 비유를 가르치셨으며, 많은 사람들의 병을 고쳐 주셨습니다. 또 광풍을 잔잔케 하셨으며, 귀신들을 많이 쫓아내셨고, 야이로의 딸을 다시 살리셨으며, 5천 명을 먹이셨습니다. 그 후 드디어 그들에게 기도하는 것을 가르치셨습니다(누가복음 11:1-4).

제자의 도에 필수 불가결한 요소인 이 기도를 이토록 오래 기다리신 후에야 가르쳐 주신 이유는 무엇일까요? 그것은 분명합니다. 예수님께서는 제자들이 "주여, 기도를 우리에게 가르쳐 주옵소서"라고 요청할 때까지 기다리셨던 것입니다. 배우는 자가 기도하고자 하는 동기를 부여받을 때까지는 기도에 관한 온갖 다양한 면을 살펴보았자 별로 유익이 없습니다. 당신 노트에 적힌 기도에 관한 내용들을 어느 누구에게 전달해 주는 것은 그의 영적 지식의 양을 늘려 주는 것 외에는 별다른 효과가 없습니다. 가르쳐 주어야 할 시기는 그가 그것을 익히고 실행하려 할 때입니다. 무장자는 일꾼이 식욕이 없을 때 그가 배고픔을 느끼도록 자극해 주는 동기 부여자가 되어야 합니다.

무장자는 자신을 어떤 사람으로 여겨야 합니까? 스스로를 종으로 여겨야 합니다. 바울이 그랬듯이, 그는 기꺼이 다른 사람을 위하여 '크게 기뻐함으로 재물을 허비하고 또 자기 자신까지 허비하는' 사람이 되어야 합니다(고린도후서 12:15). 그는 자기를 위해 살지 않습니다(고린도후서 5:15, 로마서 14:7-8). 오히려 자기의 모든 것을 '허비'하는 것을 낭비니 손실이 아니라 투자로 여깁니다. 그의 가장 큰 갈망은 그리스도께서 그에게 주신 생명을 다른 사람들의 삶 속에 전달해 주는 것입니다. 그의 삶은 다른 사람들을 부요케 하기 위해 성령께 사용될 때에만 귀하고 가치가 있습니다.

이러한 헌신이란 쉬운 일이 아닙니다. 다른 사람들을 섬기는 종이 되는 데에는 대가가 요구됩니다. 무장자는 오해받을 수도, 손해 볼 수도, 심지어는 이용당할 수도 있습니다. 그러나 그에게는 그가 필요로 하는 힘과 인내와 격려와 지혜를 이끌어 낼 수 있는 비밀스런 에너지 원천이 있습니다. 그 원천은, 마가복음

10:45에 나타나 있는 바와 같이, 섬김의 태도입니다. "인자의 온 것은 섬김을 받으려 함이 아니라 도리어 섬기려 하고 자기 목숨을 많은 사람의 대속물로 주려 함이니라."

무장자는 종이 될 뿐 아니라, 더 나아가 종의 도를 가르치는 선생이 되어야 합니다. 예수님께서 종이 되는 데 요구되는 것이 무엇인지에 대해 어떻게 가르치셨냐를 알아보면 흥미롭습니다. 예수님께서는 제자들이 잊으려야 잊을 수 없는 일, 예수님께서 그런 일을 하시리라고는 생각조차 하지 못한 귀한 일을 하셨습니다. 그들의 발을 씻기신 것입니다(요한복음 13:3-17). 얼마나 놀라운 방법입니까!

당신이 어떤 유명한 기독교 지도자의 방문을 받는 영광을 얻게 되었다 합시다. 당신은 폭우 속을 뚫고 차를 몰아 공항에 가서 그를 맞이합니다. 당신은 이 지도자를 영접하고 가방과 짐을 차에 싣고서 당신 집으로 향합니다. 거실에서 이 얘기 저 얘기 나누다가 급한 전화가 와서 잠시 자리를 뜹니다.

거실에 돌아와 보니 손님이 어디로 갔습니다. 밖에 나가 보니 놀랍게도 그가 공항 다녀오는 길에 쏟아진 폭우로 진흙투성이가 된 당신 차를 닦고 있는 것을 보게 됩니다. 당신이 그 일을 잊어버릴 수 있겠습니까? 아닙니다. 당신은 많은 사람들에게 당신이 그날 그의 행동에서 보았던 겸손한 종의 태도에 대해 이야기할 것입니다. 예수님께서는 바로 이와 같은 종이요, 또한 종들을 훈련시키시는 분이셨습니다. 그러므로 일꾼을 무장시키는 사람에게는 따라야 할 강력한 본이 있는 것입니다.

하루는 한 사람이 슬픈 소식을 가지고 도슨 트로트맨을 찾아왔습니다. 자기 삶을 투자해 오고 큰 기대를 걸어 왔던 사람이 떠나갔다는 것이었습니다. 그는 완전히 풀이 죽어 있었습니다. 그는 "이제 저는 어떻게 하면 좋죠?" 하고 물었습니다. 이에 대하여 도슨은 단호하고 분명하게 "다른 사람을 얻게나!"라고 대답했습니다.

그렇습니다. 전투마다 사상자가 있게 마련입니다. 지혜 있는 무장자는 그가 영적 전투에 참전 중이기 때문에 사상자가 있을 수 있다는 것을 깨닫고 있습니다. 우리의 싸움은 예의 바른 신사 숙녀가 일치된 규칙을 따르는 무슨 게임 같은 것이 아닙니다. 우리의 싸움은 '이 어두움의 세상 주관자들'과의 싸움입니다(에베소서 6:12). 사탄에게는 규칙도, 자비도, 양심의 가책이나 거리낌도 없습니다. 그의 본성은 사악하기 짝이 없어 우리를 공격하여 불구로 만들거나 활동력을 마비시키거나 또는 죽이려고 합니다. 그러므로 무장자는 부상자들을 치료하여 전투에 재투입될 수 있도록 끊임없이 돌보아 주는 영적인 군의관과도 같은 사람이 되어야 합니다.

실망과 낙심은 무장자의 영원한 적입니다. 때로 우리의 사역이 최근 나일 강에서 일어났던 비극과 유사하다는 생각이 듭니다. 등유와 사람들을 가득 실은 큰 나룻배가 나일 강 위에서 불이 났습니다. 화염에 싸인 배에 있던 승객들의 대부분은 이집트인들과 수단인들이었습니다. 이들은 악어들이 들끓는 강물로 뛰어내렸습니다. 악어의 이빨을 피해 겨우 강변에 닿은 사람들은 둑에 줄줄이 늘어서 있던 독한 전갈의 공격을 받았습니다.

우리 집에서 어떤 일이 잘못되어 갈 때면, 어머니는 "엎친 데 덮친 격이로구나"라고 말하곤 하였습니다. 무장자의 사역에서도 종종 비슷한 일이 생깁니다. 마음속에 '이 이상 더 악화될 수가 있을까?' 하는 생각이 들 때가 있습니다.

최근에 책을 읽다가, 어느 여자 선교사가 비슷한 경우에 처한 것을 보았습니다. 그녀는 한밤중에 아기의 분만을 도와 달라는 원주민의 요청을 받고 그 집에 갔습니다. 선교사가 출산을 돕고 있을 때, 오두막의 초가지붕으로부터 무서운 독사 한 마리가 그녀의 왼팔로 떨어졌습니다. 그런 경우 그저 꼼짝 않고 있는 것이 상책이었지만 그녀는 그럴 수 없었습니다. 아기의 분만을 도와야 했습니다. 그래서 팔을 흔들어 뱀을 떨어내 버렸습니다. 모여 있던 여자들이 막대기로 뱀을 내쫓았습니다.

잠시 후, 아기가 분만되었으나 숨을 쉬지 않았습니다. 인공호흡을 시키다가, 아기의 목에 무엇인가가 막혀 있는 것을 알았습니다. 아기의 목구멍에 막힌 것을 제거하자마자 어디서 비명이 들려왔습니다. 등불에 너무 가까이 있던 어느 여자의 머리털에 불이 붙었던 것입니다. 불을 끄고 나니 아기가 숨을 쉬기 시작했습니다. 드디어 한 건강하고 귀여운 아기가 태어나서 어머니의 팔에 안기게 되었습니다.

이 이야기를 읽으면서, 나는 혼잣말로 중얼거렸습니다. "이것은 영적인 자질이 갖추어진 일꾼을 세상으로 내보내려 할 때 일어나는 것과 똑같구나." 하는 일마다 잘못되어 가는 것처럼 보일 때가 있습니다. 그러나 무장자는 끈기 있는 사람이 되어야 합니다. 쉽게 단념하거나 포기해서는 안 됩니다. 왜냐하면 이 일에는 큰 상급이 따르기 때문입니다. 그리스도의 왕국은 계속 앞으로 나아가야 합니다. 물론 전투가 치열할 것입니다. 마귀는 자기가 사용할 수 있는 온갖 장애물을 동원하여 우리의 전진을 막으려 할 것입니다. 그러나 무장자는 어떤 장애물에도 불구하고 포기하지 않고 꾸준히 지속하는 끈기가 있어야 합니다.

일꾼을 무장시키는 사람에게 한 가지 더 필요한 자질은 **투명한 태도**입니다. 바울은 아무 때에도 아첨의 말이나 탐심의 탈을 쓰지 아니하였습니다(데살로니가전서 2:5). 이 사도에게는 감춰진 것이 하나도 없었습니다. 그 안에 있는 것은 만인이 다 볼 수 있도록 개방되어 있었습니다.

그러나 타락한 인간이 하나님으로부터 숨으려 하는 성향은 아담과 하와 이래로 계속 이어져 내려왔습니다(창세기 3:8-10 참조). 예수님께서 말씀하셨습니다. "그 정죄는 이것이니, 곧 빛이 세상에 왔으되 사람들이 자기 행위가 악하므로 빛보다 어두움을 더 사랑한 것이니라. 악을 행하는 자마다 빛을 미워하여 빛으로 오지 아니하나니 이는 그 행위가 드러날까 함이요"(요한복음 3:19-20).

무장자의 삶은 개방적이고 솔직해야 합니다. 바울과도 같이, 무장자는 "이에 숨은 부끄러움의 일을 버리고, 궤휼 가운데 행하지 아니하며, 하나님의 말씀을 혼잡케 아니하고, 오직 진리를 나타냄으로 하나님 앞에서 각 사람의 양심에 대하여 스스로 천거합니다"(고린도후서 4:2). 훈련받고 있는 사람은 거짓을 금방 알아차립니다. 무장자는 자신이 승리한 것뿐만 아니라 패배한 것까지, 장점과 마찬가지로 약점까지도 거리낌 없이 나눌 줄 알아야 하는 것입니다. 일꾼으로 자라 가는 사람은 그 둘 다로부터 배울 수 있습니다. 무장자는 주님을 위한 자신의 사역에 있어서 끈기 있고 투명한, 동기 부여자요 또한 종입니다.

제12장
현실을 살아감

평생을 하나님 나라의 일꾼으로 살아가는 사람은 참으로 귀합니다. 그의 잠재력은 측량할 수 없습니다. 그리스도의 복음을 위하여 헌신한 한 사람의 일꾼이 가져다주는 영향력을 계산해 본다면 컴퓨터가 놀랄 정도일 것입니다. 무장자가 제자를 헌신된 평생 일꾼이 되도록 주의 깊게 준비시키고 무장시킬 때, 반드시 명심해야 할 점이 여섯 가지 있습니다.

무엇보다도 먼저, 일꾼은 영적 추수의 현실에 직면해야 한다는 것입니다. 바울은 데살로니가 성도들에게 "너희 가운데서 수고하…는 자들을 너희가 알라"(데살로니가전서 5:12)고 말할 때, 힘이 다할 때까지 수고하는 것을 의미하는 단어를 사용했습니다. 하나님께서는 열심히 일하는 사람들을 찾고 계십니다. 주님의 일꾼의 대열에는 게으른 사람이 끼어들 여지가 없습니다. 그러므로 일꾼 후보생은 그가 맞이하게 될 일에 대하여 철저히 준비하고 밭으로 들어가야 합니다. 추수하는 일은 고된 일을 꺼리지 않는 사람들, 자기가 어떤 일을 하게 될지를 정확하게 아는 사람들을 위한 것입니다.

지난여름, 두 손녀를 포함하여 우리 가족은 함께 디즈니랜드에 갔습니다. 그날은 우리에게 매우 즐거운 하루였습니다. 정문에 들어서자 만화의 주인공들인 미키마우스, 구피, 도널드덕, 그리고 다른 디즈니 가족들이 우리를 반가이 맞이해 주었습니다. 그것을 보니 기분이 좋았습니다. 가족 모두가 흐뭇해하였습니다.

시간이 너무 빨리 흘러가는 것을 아쉬워하면서, 나는 미키가 아이들한테 다가와서 함께 사진을 찍기도 하고 그들을 즐겁게 해 주기 위해 여러 모양으로 애쓰는 것을 지켜보았습니다. 나는 그에 대해 푸근한 감정, 진정한 감사의 느낌을 갖게 되었습니다. 미키는 정말 좋은 친구였습니다.

저녁을 먹고서 떠날 준비를 하는데 손녀 아이들이 디즈니 만화에 나오는 로빈슨 나무집에 한 번만 올라갔다 오게 해달라고 졸랐습니다. 나는 쾌히 허락해 주고서 그동안 나 혼자 나무 밑에서 기다리기로 했습니다. 아이들은 아빠인 릭을 따라 올라갔습니다. 그들이 즐겁게 나무집을 구경하는 동안 나는 그 나무 아래 앉아 쉬고 있었습니다.

그때 갑자기 어디선지 생쥐 한 마리가 나 있는 쪽으로 쪼르르 달려오더니 내 왼쪽 바짓가랑이로 뛰어들었습니다. 나는 깜짝 놀라서 즉각적으로 다리를 탁 뻗치고 마구 흔들어 댔습니다. 그놈은 그래도 한참 동안이나 설쳐 대다가 운동장 쪽으로 쪼르르 달아나 수풀 속으로 사라졌습니다. 너무나 놀라 심장이 다 쿵쾅쿵쾅 뛰었습니다. 나무집을 다 보고 계단을 내려오던 사람들이 내가 한쪽 다리를 들고 춤을 추고 있는 것을 보고 재미있어 하기도 하고 무슨 영문인지 몰라 의아해하기도 했습니다.

나는 순간적으로 만화 속의 미키마우스의 매력과 진짜 생쥐에 대한 생각은 전혀 다르다는 것을 알았습니다. 진짜 생쥐가 내 다리에 뛰어오르는 것은 원치 않습니다. 내 다리에 뛰어오른 생쥐는 정말 싫습니다. 미키에 대한 나의 태도와 내게 달려들었던 그 조그만 생쥐에 대한 태도는 전혀 상반된 것이었습니다. 하나는 좋아했고, 하나는 싫어했습니다.

무장자는 장래의 일꾼이 꿈의 세계 곧 환상의 나라에서 살지 않도록 해주어야 합니다. 일꾼은 일이 실제로 어떻게 되어 가고 있는지 알고 있어야 합니다. 무장자는 더 많은 일꾼들을 징모하기 위해 왜곡된 인상을 주어서는 안 됩니다. 위장된 것을 진짜로 알거나 일의 내용에 대해 잘못 생각하고 추수하는 일꾼의 대열 가운데로 들어온 사람들은 오래가지 못할 것입니다. 그들은 머리를 구름 속에 파묻고서가 아니라 발을 땅 위에 굳게 딛고서 추수할 밭으로 들어가야 하는 것입니다. 그들이 벌이는 시합은 **현실**이라는 명칭의 시합입니다.

일전에 멤피스에 있는 강 박물관에 들렀을 때, 옛날 미시시피 증기선 그림을 여러 장 보고 그 웅장한 모습에 감탄했던 적이 있습니다. 이 거대한 기선들이 물길을 가르며 강을 오르내리던 아름답고 낭만적인 시절을 마음속에 그려 보기도 했습니다. 그러나 벽에 걸려 있는 액자 하나가 나를 현실로 되돌아오게 했습니다. 그 액자는 그 증기선들이 얼마나 자주 전복되고 침몰하곤 했는지를 설명하는 것이었습니다. 증기 보일러들이 자주 폭발하여 수많은 인명을 앗아 가곤 했다는 설명도 있었습니다. 증기선은 그림으로 보면 멋있어 보이지만, 일반적으로 더럽고 지저분하였습니다.

신화와 사실 사이에는 엄청난 차이가 있었습니다. 무장자는 신화를 일소하고 추수하는 사역에 관한 사실들을 분명하게 말해야 합니다. 그는 현실을 알고 있어야 합니다.

두 번째 요점은 첫 번째 것과 밀접한 연관이 있습니다. 일꾼은 수고 저 너머에 있는, 제자삼는 사역의 진정한 아름다움을 내다볼 줄 알아야 한다는 것입니다. 일꾼은 그리스도의 헌신된 제자로서의 삶의 매력을 결코 그냥 보아 넘겨서는 안 됩니다. 물론 우리의 일에는 어려움이 가득 차 있지만 그 어려움을 겪을 만한 충분한 가치가 있습니다. 하나님의 시야에서 가장 아름답고 귀한 것은 하나님의 아들을 영화롭게 하는 삶, 하나님의 영광을 위해 사는 삶입니다.

카라쿰 사막은 투르크메니스탄의 중심부에 위치하고 있는데, 한번 보기만 해도 정이 떨어질 만큼 삭막한 곳입니다. 불모지인 데다가 황량하기 그지없어 불길한 예감마저 자아내게 하는 곳입니다. 한 영국인 방문객은 카라쿰에 대해 이렇게 말했습니다. "이 끝없는 모래 바다에 비하면 다른 사막들은 아무것도 아닙니다. 나는 이보다 더 황폐한 광경은 상상을 할 수 없습니다." 그의 반응은 전형적인 것이었습니다. 카라쿰이 방문자들에게 주는 느낌은 대개 그렇습니다. 그 텅 빈 황무지에 들어간다는 것은 생각만 해도 마음속에 두려움을 불러일으킵니다. 그곳을 좋게 말할 만한 것은 아무것도 없습니다. 아름다움이라는 말은 절대로 마음속에 떠올릴 수도 없는 곳입니다.

그러나 그 일대를 떠돌아다니며 살아가는 유목민들인 테킨 족, 살라르 족, 에르소르 족, 조무드 족, 카란다쉬리 족 들은 사랑하는 그들의 카라쿰 이외의 곳에서는 살고 싶지 않다고 말합니다. 수도인 아슈하바트의 시장에 가려고 사막에서 나온 한 늙은 카라쿰 목자는 이렇게 말했습니다. "그 아름다움을 한 번도 못 본 사람들을 생각하면 가슴이 아프지요. 내일 만약 신께서 내 양을 다 팔리게 해주신다면 나는 이 죄악과 혼란의 소굴을 떠나 저 아름다운 사막의 품으로 되돌아갈 겁니다. 그리고 거기서 기도할 겁니다. 이 죄악 된 추한 광경을 다시는 보지 않고 죽도록 해주십사 하고 말이오."

아마도 여기에는 일꾼의 삶과 추수하는 일의 희미한 모습이 엿보이는 것 같습니다. 대부분의 사람들이 그것을 바라보고는 번민, 수고, 긴 시간, 그리고 수반되는 어려움들만 보고 맙니다. 그래서 그들은 차라리 그들의 나날들을 판에 박힌 프로그램에 쏟기를 좋아합니다. 그 나름대로 뭔가 보람이 있을 법하기도 합니다. 그러나 평범한 일꾼으로서, 그리고 다른 사람들의 무장자로서 보내 온 지난 세월을 회고해 볼 때, 나는 이보다 더 아름다운 사역은 생각해 볼 수가 없습니다. 나를 통해 주님께로 인도되고 삶이 변화된 수많은 사람들, 그리고 오늘날 세계 곳곳에서 주님을 섬기고 있는 그 사람들을 생각할 때면 늘 하나님의 은혜와 선하심을 실감하게 되고 가슴이 감격으로 벅차오릅니다.

무장자는 장래의 일꾼으로 하여금 영적 추수의 현실을 직시하도록 도와주어야 합니다. 그러나 또한 그로 하여금 이 모든 수고

저 너머에 있는, 생을 투자함으로 얻게 될 기쁨을 내다볼 수 있도록 도와주어야 합니다. 현실을 아는 것보다 더 중요한 것은 현실을 사는 것입니다. 사도 요한이 말한 그대로입니다. "내가 내 자녀들이 진리 안에서 행한다 함을 듣는 것보다 더 즐거움이 없도다"(요한삼서 4). 사도 바울은 그것을 이와 같이 표현했습니다. "우리의 소망이나 기쁨이나 자랑의 면류관이 무엇이냐? 그의 강림하실 때 우리 주 예수 앞에 너희가 아니냐? 너희는 우리의 영광이요 기쁨이니라"(데살로니가전서 2:19-20).

셋째로, 장래의 일꾼은 신중한 결정을 내려야 합니다. 나의 생을 어디에 드릴 것인가? 무슨 일을 할 것인가? 어떤 사역에 종사할 것인가? 영혼을 구하고 양육하는 일을 마음에 두고 있는 사람들에게는 분명한 대답이 있는데, 그것은 일꾼이 되는 것입니다. 우선순위 목록의 선두에 다른 일을 두고 있는 사람들을 권하여 이 일을 추구해 나가도록 하십시오. 그러나 잃어버린 바 된 사람들을 주님께로 인도하고 구원받은 자를 세워 주어, 그들로 성숙하고 헌신적이며 동기력이 강한 제자가 되도록 도와주는 일에 자기 생을 드리기 원하는 사람에게는 따라야 할 한 가지 분명한 과정이 있습니다. 그것은 곧 자신이 먼저 영적으로 자질을 갖춘 일꾼이 되는 것입니다. 무장자의 책임은 그 일꾼 후보생으로 하여금 이러한 큰 전망을 갖도록 해주는 일입니다.

넷째로, 하나님께서는 끊임없이 일꾼의 믿음을 테스트하십니다. 추수하는 일은 바울이 '믿음의 역사'(데살로니가전서 1:3)라고 표현한 바로 그것입니다. 사람 낚는 어부인 일꾼은 사람 낚는 일이 믿음의 행위임을 기억해야 합니다. 어부에게는 보장이 없습니다. 고기를 잡을 때도 있지만 잡지 못할 때도 있습니다.

농부의 삶도 믿음의 삶입니다. 밭에서 소출이 있을 때도 있고 없을 때도 있습니다. 풍년일 때도 있고 흉년일 때도 있습니다. 영적인 추수에도 승리할 때도 있고 시련을 겪을 때도 있습니다. 주님께서는 우리를 더 강하고 주님을 위해 더 유용한 일꾼이 되도록 하시기 위하여 끊임없이 우리에게 믿음의 테스트를 하십니다.

믿음의 조상이라고 불리는 아브라함을 생각해 봅시다. 그가 믿음이 훌륭한 아버지 밑에서 태어났습니까? 물론 아닙니다. 그는 75세 때 하나님의 부르심을 받았는데, 그때까지 고향에서 아주 성공적인 인생을 살고 있었습니다. 이때부터 그의 믿음의 여정은 시작되었습니다. 평생에 걸쳐 그의 믿음은 테스트를 받았고 성장하였습니다.

아브라함의 믿음의 여정이 창세기 12-25장에 잘 나와 있습니다. 하나님께서는 그에게 본토, 친척, 아비 집을 떠나라고 하셨습니다. 전에 한 번도 가본 적이 없는 땅으로 가라고 하셨습니다. 아내인 사라를 통해 열국의 아비가 될 것을 믿어야 했습니다. 기근을 당해 애굽으로 내려가는 실수를 했을 때도 하나님께서 그의 삶을 지켜 주실 것을 믿어야 했습니다. 25년이나 기다려 얻은 독자 이삭을 바치라고 하셨습니다. 마지막으로 하나님께서 아들을 위해 경건한 아내를 주실 것을 믿어야 했습니다.

우리가 주님과 동행하는 삶을 살면서 시련이 없는 때가 올까요? 일꾼에게 그 믿음이 더 이상 테스트받지 않을 때가 올까요? 그것은 하나님의 계획이 아닙니다. 우리가 주님 앞에 가는 날까지 우리의 믿음은 테스트를 받습니다.

내가 아는 한 사람은 평생을 주님을 위해 믿음으로 산 사람입니다. 그를 통해 수많은 사람들이 주님께로 돌아왔고, 수많은 주님의 일꾼이 일어났습니다. 그는 자신이 선교지에서 생을 마감할 줄 알았습니다. 그러나 그것은 하나님의 계획이 아니었습니다. 그는 노년에 5년 동안 파킨슨병으로 고통을 겪다가 주님께로 갔습니다. 간호하던 아들이 아버지에게 물었습니다. "왜 하나님께서 아버지에게 이런 고통을 주시나요?" 아버지가 대답했습니다. "애야, 하나님께서는 지금 내가 이 길을 걷기를 원하신단다. 그러니 나는 이 길을 걸어갈 거란다."

만일 어떤 사람이 "나는 하나님을 사랑합니다" 혹은 "나는 하나님을 신뢰합니다"라고 말한다면, 하나님께서는 그 사람에게 그것을 철저하게 끝까지 입증할 기회를 주실 것입니다. 사람 낚는 일에는 성공도 있고 실패도 있을 수 있으며, 추수할 밭에는 일평생 동안 해야 할 일이 있다는 것으로 일꾼을 안심시켜 주십시오.

다섯째로, 일꾼은 거룩함의 중요성을 알 필요가 있습니다. 하나님께서는 제자삼는 일에 더러운 삶을 사는 사람을 쓰실 수가 없습니다. 추수하는 일을 할 수 있도록 준비하기 위해, 제자는 "하나님을 두려워하는 가운데서 거룩함을 온전히 이루어 육과 영의 온갖 더러운 것에서 자신을 깨끗케 해야 합니다"(고린도후서 7:1). 오직 그렇게 할 때에만 그는 "귀히 쓰는 그릇이 되어, 거룩하고, 주인의 쓰심에 합당하며, 모든 선한 일에 예비함"(디모데후서 2:21)이 되리라고 믿습니다.

  몇 년 전 이 진리가 내 마음속에 강력하게 부각된 일이 있었습니다. 생활수준이 비교적 낮은 어느 지역에 선교 여행 중이었는데, 하루는 강을 따라 뻗어 있는 도로를 달렸습니다. 강 부근에 사는 주민들은 그 강물을 길어다 먹기도 하고, 강에서 몸을 씻기도 하며, 빨래도 하고, 심지어는 오물까지도 그 강에다 버렸습니다. 나는 여인들이 그 강에서 빨래하는 것을 보면서, 그들이 아무리 열심히 비비고 문지르더라도 그 옷들은 깨끗이 세탁되지 못할 것이라고 생각했습니다. 더러운 물에 아무리 정성스럽게 빨아 봐야 더러울 뿐입니다.

  나는 그날 일단의 일꾼들에게 말씀을 전하면서 이 사실을 상기시켜 주었습니다. 우리가 거룩한 삶을 살 때 하나님의 능력은 깜짝 놀랄 정도로 강력합니다. 거꾸로 우리가 부정한 삶을 살 때 하나님의 나라에 끼치는 그 파괴적인 힘도 엄청납니다. 한번은 높은 산 정상에 올라간 적이 있었습니다. 정상에는 바위 덩어리들이 여기저기 있었습니다. 이 광경을 보면서 이런 생각이 들었습니다. 그중에 하나가 아래로 굴러 떨어진다고 해봅시다. 그것은 내려가면서 다른 바위 덩어리들을 칠 것이고, 그러면 여러 작은 나무들이 해를 입게 될 것입니다. 불행하게도 어떤 경우에는 큰 피해를 입히기도 합니다. 우리 일꾼들이 깨달아야 하는 것은, 우리가 다른 사람들의 삶에 투자할 때 그들은 우리를 믿음의 본으로 생각할 것이라는 점입니다. 그들은 우리를 순종하는 그리스도인의 모본으로 여길 것입니다. 하나님의 영적 추수의 대열에 이미 참여하고 있습니까? 아니면 앞으로 참여하기를 원합니까?

하나님께서는 거룩한 사람들을 찾고 계십니다. "만일 우리가 우리 죄를 자백하면 저는 미쁘시고 의로우사 우리 죄를 사하시며 모든 불의에서 우리를 깨끗케 하실 것이요"(요한일서 1:9). "그러므로 주께서 말씀하시기를 '너희는 저희 중에서 나와서 따로 있고 부정한 것을 만지지 말라. 내가 너희를 영접하여 너희에게 아버지가 되고, 너희는 내게 자녀가 되리라. 전능하신 주의 말씀이니라' 하셨느니라"(고린도후서 6:17-18). 하나님께서는 '깨끗한 그릇'을 쓰십니다. "큰 집에는 금과 은의 그릇이 있을 뿐 아니요 나무와 질그릇도 있어 귀히 쓰는 것도 있고 천히 쓰는 것도 있나니, 그러므로 누구든지 이런 것에서 자기를 깨끗하게 하면 귀히 쓰는 그릇이 되어 거룩하고 주인의 쓰심에 합당하며 모든 선한 일에 예비함이 되리라"(디모데후서 2:20-21). 거룩한 삶이야말로 거룩하신 하나님의 손에 들린 막강한 무기입니다.

"무리와 제자들을 불러 이르시되, '아무든지 나를 따라오려거든 자기를 부인하고, 자기 십자가를 지고 나를 좇을 것이니라'"(마가복음 8:34). 어쩌면 이것이 일꾼에게 있어서는 모든 것 가운데 가장 어려운 일일 것입니다. 일꾼이란 자기의 삶을 다른 사람들에게 바치기로 작정한 사람입니다. 그렇기 때문에 그가 자기를 위해 살 수 없다는 것은 분명합니다.

그렇지만 자기의 유익을 버린다는 것은 여간 어려운 일이 아닙니다. 그리고 자아는 순순히 굴복하려 하지도 않습니다. 자아는 따지고, 부추기며, 변명할 것입니다. 자아는 우리에게 충동질할 것입니다. "하지만 우린 서로 오랫동안 알아 온 사이가 아닌가!

우린 함께 즐거운 시간들을 보냈었지. 옛정을 기억해 주게나." 그러나 예수님의 말씀은 단호합니다. 자기를 부인하라. 이것이야 말로 다른 사람을 위해 사는 일꾼이 되고자 자신을 헌신해 온 제자에게는 중대한 단계입니다.

당신과 나는 순교자의 죽음을 죽는다거나 순교자의 면류관을 쓰지는 못할는지 모르지만, 순교자의 마음을 주시도록 하나님께 간구할 수는 있습니다. 하나님의 마음에 합한 일을 꾸준히 수행해 나가도록 허락받았다는 것은 이루 형언할 수 없이 놀라운 특권이요 영광입니다! 주님께서 그토록 귀한 사명을 우리와 같은 사람들에게 맡기셨다는 것은 얼마나 놀라운 일입니까!

그리고 영원한 하늘나라에 가서 이생을 되돌아볼 때, 우리는 추수하는 일에 좀 더 힘썼더라면, 좀 더 기도했더라면, 좀 더 수고했더라면, 좀 더 희생했더라면 하고 아쉬워할 것입니다. 이러한 것들이야말로 우리 삶의 페이지 페이지마다 다이아몬드처럼 찬연히 빛나게 될 요소들입니다. 그리고 예수님께서 "잘하였다!" 하고 칭찬하실 때, 우리의 삶의 헌신은 그 진가를 발휘하게 될 것입니다.

제자삼는 사역의 기술

리로이 아임스 지음
신국판/ 288쪽

그리스도인은 많습니다. 그러나 그리스도의 제자는 많지 않습니다. 왜 그렇습니까? 개인적으로 영적 성장에 필요한 도움을 받지 못했기 때문입니다. 그리스도를 믿기 시작한 사람에게는 부모와 같이 개인적인 관심과 사랑 가운데 영적으로 먹여 주고 보살펴 주고 이끌어 주는 사람이 꼭 필요합니다. 이러한 관심과 사랑 가운데서 그는 제자로 성장할 수 있게 됩니다.

이것이 바로 성경에 나타나 있는 제자삼는 사역의 기술입니다. 그러나 이 사역의 기술은 교회의 여러 가지 프로그램과 바쁜 일, 활동에 묻혀 잊혀진 경우가 많았습니다.

저자는 생애의 대부분을 네비게이토와 함께 이 사역에 몸 바쳤습니다. 저자는 사역의 경험을 토대로 이 잊혀진 사역의 기술에 대한 성서적이고 실제적인 실천 방안을 이 책에 종합적으로 제시해 주고 있습니다.

이 책은 다른 그리스도인들을 도와 그리스도의 제자와 일꾼으로 세워 줌으로써 하나님의 나라를 확장해 나가려는 당신의 사역을 위해 좋은 안내서요 지침서가 되어 줄 것입니다.

당신도 영적 지도자가 될 수 있다

리로이 아임스 지음
신국판/ 256쪽

현대적인 경영 개념이 가치 있다는 사실은 두말할 필요도 없습니다. 그러나 성경에서 가르쳐 주고 있는, 영적 지도력과 경영에 관한 많은 원리는 너무나 자주 무시되거나 도외시되어 왔습니다.

이 책은 그러한 이유로 쓴 것입니다. 본서는 성경이 말하고 있는 지도력을 광범위하게 다루고 있으며, 매일매일의 삶을 위한 더할 나위 없이 실제적인 내용을 소개하고 있습니다. 특별히 당신이 하나님의 뜻 가운데서 지도자로서의 사명을 맡게 될 위치에 있거나, 또는 이미 사람들을 지도하는 책임을 맡고 있다면, 본서는 당신에게 더욱 필수적이 될 것입니다.

추수하는 일꾼

1986년 11월 7일 초판 1쇄 발행
2012년 7월 25일 개정 1쇄 발행

펴낸곳: 네비게이토 출판사 ⓒ
펴낸이: 조 성 동
주소: 120-600 서울 서대문 우체국 사서함 27호
120-836 서울시 서대문구 창천동 497
전화: 334-3305(대표), 334-3037(주문), FAX: 334-3119
홈페이지: http://navpress.co.kr
출판등록: 제10-111호(1973년 3월 12일)

ISBN 978-89-375-0425-9 03230

본 출판사의 서면 허락 없이는 본서의 전부 또는
일부의 무단 복제, 또는 원문에 대한 무단 번역을 금합니다.